SERIE
**GRANDES OPORTUNIDADES Y RETOS
QUE EL CRISTIANISMO ENFRENTA HOY**

Oportunidades y Retos
CONTEXTUALES

GRANDES OPORTUNIDADES Y RETOS QUE EL CRISTIANISMO ENFRENTA HOY

SERIE
**GRANDES OPORTUNIDADES Y RETOS
QUE EL CRISTIANISMO ENFRENTA HOY**

Oportunidades y Retos
CONTEXTUALES

John Stott

Revisado y actualizado por Roy McCloughry

La misión de Editorial Vida es ser la compañía líder en satisfacer las necesidades de las personas con recursos cuyo contenido glorifique al Señor Jesucristo y promueva principios bíblicos.

OPORTUNIDADES Y RETOS CONTEXTUALES
Edición en español publicada por EDITORIAL VIDA —2011, Miami, Florida.
Publicado anteriormente bajo el título *Los problemas que los cristianos enfrentamos hoy*

© 2007, 2011 por EDITORIAL VIDA

Originally published in the U.S.A. under the title:
    Issues Facing Christians Today
    Copyright © 1984, 1990, 1999, 2006 by John Stott
Published by permission of Zondervan, Grand Rapids, Michigan

Traducción: *Esperanza y Roberto Simons*
Edición: *Elizabeth Fraguela M. y Wendy Bello*
Diseño interior: *artserv*
Adaptación de la cubierta: *Pablo Snyder*

ISBN: 978-0-8297-6195-5

CATEGORÍA: Vida cristiana / Temas sociales

IMPRESO EN ESTADOS UNIDOS DE AMÉRICA
PRINTED IN THE UNITED STATES OF AMERICA

11 12 13 14 15 ❖ 6 5 4 3 2 1

Abreviaturas

El texto bíblico normalmente es el de la *Nueva Versión Interna-cional*, © 1999 por Bíblica Internacional. Otros textos tienen las siguientes indicaciones:

Arndt-Gingrich   *Un léxico griego-inglés del Nuevo Testamento y otra literatura cristiana primitiva,* por William F. Arndt y Wilbur Gingrich (Prensa de la Universidad de Chicago y la Prensa de la Universidad de Cambridge, 1957).

RVR 60   Reina Valera, 1960, @ 1960, Sociedades Bíblicas Unidas.

LBLA   La Biblia de las Américas, @ 1997 por The Lockman Foundation

Contenido

Prefacio de la primera edición
(1984)

Una de las características más notables en el mundo del movimiento evangélico durante los últimos diez a quince años ha sido la recuperación de la conciencia social. Durante aproximadamente cincuenta años (alrededor de 1920-1970) los evangélicos estaban ocupados en la tarea de defender la fe bíblica histórica contra los ataques de la teología liberal, «el evangelio social». Pero ahora estamos convencidos de que Dios nos ha dado tanto la responsabilidad social como la responsabilidad de evangelizar en su mundo. Medio siglo de negligencia hizo que nos quedáramos atrás, y tenemos bastante que hacer para ponernos al día.

Este libro es mi contribución para actualizarnos en este proceso. Su origen puede remontarse a 1978/9, cuando Michael Baughen, ahora obispo de Chester, pero en ese entonces Rector de la Iglesia de Todas las Almas, me invitó a predicar una serie de sermones con el título «Problemas que los cristianos enfrentan hoy en Inglaterra». Varios de estos capítulos comenzaron a cobrar vida desde el púlpito, y subsecuentemente crecieron hasta llegar a ser discursos en el Instituto de Cristianismo Contemporáneo de Londres, donde tenían el propósito de ayudar a la gente a desarrollar una perspectiva cristiana acerca de la complejidad del mundo moderno.

Confieso que en varias ocasiones, durante el proceso de escribir este libro, me sentí tentado a no seguir adelante. Al intentar hacer esto, a veces me sentí como un tonto y otras como un presuntuoso. Yo no soy un experto en teología moral ni en ética social y no tengo una especialización en particular ni experiencia en algunos de los campos en los que me he entrometido. Además, cada tópico es complejo, tiene una extensa cantidad de referencias, de las cuales tan solo he podido leer unas pocas, con un potencial de división, o incluso, en algunos casos, de explosión. He perseverado, en especial, porque lo que me he aventurado a ofrecer al público no es una pieza profesionalmente pulida sino el trabajo poco experto de un cristiano ordinario que está luchando para pensar como un cristiano, es decir, para aplicar la revelación bíblica a los temas controversiales de hoy en día.

Esta es mi preocupación. Yo comienzo con mi convicción de que la Biblia es la «Palabra de Dios escrita», que es como lo describen los Artículos Anglicanos y así lo han recibido casi todas las iglesias hasta hace comparativamente poco. Esta es la presuposición básica de este libro, y no es parte de mi presente propósito argüir al respecto. Pero nosotros los cristianos tenemos un segundo compromiso con el mundo en donde Dios nos puso, aunque nuestros dos compromisos con frecuencia parecen estar en conflicto. Por ser una colección de documentos que se relacionan con sucesos particulares o lejanos, la Biblia parece arcaica. Parece incompatible con nuestra cultura occidental con satélites y micro procesadores. Como cualquier otro cristiano yo siento tensión entre estos dos mundos. Los separan siglos. Sin embargo, he tenido que aprender a resistir la tentación de desligarme de uno de los dos mundos y así rendirme al otro.

Algunos cristianos, ansiosos sobre todo de ser fieles a la revelación de Dios sin comprometerla, ignoran los desafíos del mundo moderno y viven en el pasado. Otros, ansiosos de responder al mundo que les rodea, podan y tuercen la revelación de Dios en un intento de hacer que su fe sea pertinente a los tiempos. Yo he luchado para evitar estas dos trampas porque el cristiano no tiene que someterse a la antigüedad ni a la modernidad. Sin embargo, he procurado con integridad someter la revelación de ayer a las realidades de hoy. No es fácil combinar la lealtad al pasado con la sensibilidad al presente. No obstante, este es nuestro llamado cristiano: Vivir en el mundo sometidos a la Palabra.

Muchas personas me han ayudado a desarrollar mi pensamiento. Estoy agradecido de la «sucesión apostólica» de mis ayudantes de estudio: Roy McCloughry, Tom Cooper, Mark Labberton, Steve Ingrahan y Bob Wismer, quienes acumularon bibliografías, organizaron grupos para el diálogo sobre los tópicos de los sermones, recopilaron información y confirmaron las referencias. Bob Wismer fue una ayuda especial en las etapas finales, leyó el manuscrito dos veces y me hizo sugerencias valiosas. Lo mismo hizo Frances Whitehead, mi secretaria desde hace veintiocho años. Ella y Vivienne Curry mecanografiaron el manuscrito. Steve Andrews, mi presente asistente de estudio, comprobó las correcciones meticulosamente. También estoy agradecido de los amigos que leyeron diferentes capítulos y me dieron el beneficio de sus comentarios: Oliver Barclay, Raymond Johnston, John Gladwin, Mark Stephens, Roy McCloughry, Myra Chave-Jones y mis colegas del Instituto de Londres, Andrew Kirk (Director Asociado) y Martyn Eden (Decano). Estoy muy agradecido de Jim Houston, el Rector y fundador y ahora Canciller de Regent College [Universidad Regent] en Vancouver, cuya visión de la necesidad que tienen los cristianos de tener una cosmovisión integrada estimuló mi pensamiento tanto como la fundación del Instituto de Londres.

JS
Junio 1984

Prefacio de la segunda edición
(1990)

Seis años han pasado desde la publicación (en inglés) de *Problemas que los cristianos enfrentamos hoy* y durante este breve período el mundo ha presenciado muchos cambios. Comenzó *détente* [término francés que significa relajar] entre los poderes mundiales y el desarme. La libertad y la democracia se enraizaron en el este de Europa y en la Unión Soviética, algo con lo que hace un año nadie hubiera soñado, al mismo tiempo que la represión brutal pisoteaba estas tiernas siembras en la China. Pasaron viejos debates (como las amenazas nucleares), mientras que surgieron nuevos debates (como la epidemia de SIDA).

De ahí vino la necesidad de una segunda edición revisada de este libro. Se actualizaron las estadísticas sobre armamentos, violación de los derechos humanos, otras religiones, desempleo, divorcio y aborto. Fue necesario leer y reflexionar en los nuevos libros publicados que se refieren a casi todos los puntos de controversia. Muchos de esos libros los escribieron autores evangélicos, lo cual es una señal que nos anima ya que se está desarrollando nuestra conciencia social. Otra señal de esto es la fusión del Instituto para el Cristianismo Contemporáneo de Londres con el Proyecto de Shaftesbury para la Colaboración

Cristiana en la Sociedad con la intención de formar «Impacto Cristiano», y así combinar la investigación, la educación y el pensamiento con la acción. Otras señales son el fuerte compromiso a la acción social explícita en el Manifiesto de Manila, que se adoptó en la conclusión del segundo Congreso «Lausanne» acerca de la Evangelización del Mundo (1989), y el proyecto «Sal y Luz» que apoyó la Alianza Evangélica Inglesa.

Esta segunda edición de *Problemas que los cristianos enfrentamos hoy* también incorpora un material nuevo sobre muchos temas acerca de: el rápido crecimiento del movimiento ecológico con las advertencias de la desintegración de las capas de ozono y el efecto invernadero; el informe de Brundtland, *Our Common Future* [Nuestro futuro común] y el concepto del «desarrollo sostenible»; la deuda que llevan muchos núcleos de familias en el Occidente y, hasta un grado debilitante, los países del Tercer Mundo; tres importantes documentos cristianos recién publicados en Sudáfrica; con más pensamientos evangélicos cristianos acerca del rol, ministerio y liderazgo de la mujer; la fecundación humana y la tecnología moderna reproductiva; los aspectos teológicos, morales, pastorales y educativos del SIDA, la efectividad de protestas sociales cristianas y el testimonio cristiano.

Yo expreso mi cordial gratitud a Toby Howarth y Todd Shy, mis asistentes de estudio en el pasado y en el presente, por volver a leer detalladamente todo el libro y hacerme muchas sugerencias; a Martyn Eden, Elaine Storkey, Roy McCloughry, Maurice Hobbs, John Wyatt y Stephen Rand por la atenta lectura de secciones individuales y capítulos y además por proponerme cambios, a Lance Pierson por la producción de la guía de estudio, y a Frances Whitehead por mecanografiar y editar con precisión el manuscrito.

En conclusión, siento la necesidad de repetir lo que dije en el Prefacio de la primera edición, los *Problemas* representa las luchas de una persona quien no se cree infalible, quien está ansiosa de seguir aumentando su integridad cristiana a pesar de las presiones de lo que es mayormente una sociedad secular y quien, para ese fin, está siempre buscando luz fresca en las Escrituras.

JS
Enero 1990

Prefacio de la tercera edición
(1999)

Problemas que los cristianos enfrentamos hoy se publicó por primera vez en 1984, y la segunda edición revisada apareció en 1990. Desde entonces han pasado ocho años y la tercera edición revisada está atrasada. Es extraordinario cómo avanzó el tópico de debate de cada capítulo y en algunos casos hasta la situación cambió bastante.

Con el colapso del euro-marxismo, seguido de la demolición de la Muralla de Berlín, había que volver a dibujar la mayoría del mapa de Europa. El fin de la Guerra Fría hizo posible algunos tratados de desarme internacional. La «Cumbre de la Tierra» en Río de Janeiro, en 1992, reflejó y estimuló la preocupación creciente del público acerca de la destrucción de la capa de ozono y el calentamiento global. Nuevas políticas de desarrollo y propuestas para la cancelación de las deudas han dado una esperanza real a las naciones más pobres. El liderazgo conciliatorio del Presidente Mandela y el desmantelamiento del *apartheid,* o segregación racial, brillan en contrate con el aumento de la violencia que motivó el racismo y el surgimiento del nacionalismo en Europa. Los cristianos están alterados por causa de las influencias que socavan el matrimonio y la familia (en especial la cohabitación y las parejas de personas del mismo sexo) y que desafían la suma importancia de la vida humana (en especial el aborto y la eutanasia).

Diez personas, cada uno experto en el tema, fueron tan amables como para leer el capítulo de su especialidad y recomendar cambios, libros para leer y nuevos asuntos a considerar. Les agradezco sus críticas y sugerencias. Ellos son (en orden alfabético) Sir Fred Catherwood, Martyn Eden, Dr. David Green, Gary Haugen, Sir John Houghton, Roy McCloughry, Dr. Alan Storkey, Pradip Sudra, Dr. Neil Summerton y el Profesor John Wyatt.

Reservo una gratitud especial para John Yates, mi presente asistente de estudio. Él no solo hizo la tarea de leer varias veces la segunda edición, dar sus sugerencias y actualizar los datos estadísticos, sino que además siguió las sugerencias de nuestros expertos, revisó la redacción y me aconsejó cuáles libros y artículos leer y considerar. Nunca será suficiente lo que yo pueda decir en cuanto a su compromiso con el trabajo.

JS

Otoño 1998

Prólogo del editor
para la cuarta edición
(2006)

Ha sido un privilegio trabajar en la cuarta edición de este libro, no solo debido a su influencia en el pensamiento cristiano de mucha gente desde la primera edición en 1984, sino también por la influencia que ejerció en mi propio andar desde que yo era un estudiante en Londres y escuchaba predicar los sermones a John Stott acerca de estos temas. Entonces, como su primer asistente de investigaciones hace veinticinco años, yo sigo recibiendo la influencia del desarrollo de sus pensamientos acerca de estos temas. Como un cristiano llamado a reflexionar en la vida contemporánea social, económica y política, he encontrado que su enfoque ilumina e inspira a la vez.

Esta edición ha sido más revisada que las ediciones previas. Esto, sobretodo, es porque algunos de los capítulos de la tercera edición se referían a sucesos o debates que ya no son tan pertinentes como lo fueron en aquel tiempo. Por ejemplo, el informe de Brandt dejó de ser el centro del debate sobre la pobreza mundial, tampoco el debate de la relaciones industriales como se explicaba en ediciones previas es tan relevante como lo era antes en el mundo de los negocios. Algunos capítulos se han dejado relativamente sin tocar, excepto por una revisión solo de las estadísticas, ya que John pensó que estas todavía representaban su posición acerca del tema. El capítulo «Guerra y paz», por ejemplo, todavía contiene una reflexión teológica sustancial de la guerra nuclear. Otros capítulos necesitaron una cirugía más extensa para actualizarlos. Sin embargo, John y yo estamos muy conscientes del movimiento rápido de los acontecimientos en cada una de las áreas descritas en este libro. Al igual que las computadoras están anticuadas desde el momento mismo en que uno las saca de la caja, los lectores encontrarán que algunos de los sucesos que se expusieron aquí cambiaron desde que se hizo la impresión de este libro. Somos afortunados gracias a que muchos de los que lean este libro tendrán acceso a la Internet y podrán actualizar el material mucho mejor.

A través del libro se hizo la distinción entre plantear la escena y la reflexión y el análisis teológico del mismo John. Aunque tal vez la escena cambió mucho, la reflexión de John no cambió. Es posible que los críticos digan que el debate teológico ha avanzado, y por supuesto que ellos tienen la razón porque ahora hay muchos libros y artículos con autoridad en cada uno de estos temas que escribieron cristianos y muchos de ellos evangélicos. Sin embargo, la razón para escribir esta cuarta edición es que miles de personas todavía se benefician con la sabiduría de John y sus reflexiones acerca de estos problemas. Durante muchos años venideros buscarán su habilidad para manejar las Escrituras, junto con la aplicación a muchos problemas contemporáneos.

A través del libro tuve el cuidado de no permitir que mis prejuicios e inclinaciones se manifestaran en el texto, especialmente en aquellas aspectos donde John y yo nos expresaríamos de manera diferente. Es su libro y no el mío, y mi esperanza es que los lectores reconozcan su distintiva voz a medida que lean estas páginas. Esas personas que perciban un cambio en la posición de John acerca de problemas importantes en este libro, estarían equivocadas. Con la excepción de una corta adición al capítulo «Mujeres, hombres y Dios», John no ha escrito nada nuevo para este libro, aunque él leyó la nueva edición e hizo cambios donde lo consideró necesario. Todos los cambios los he hecho yo o personas que han sido muy amables ofreciéndome su habilidad, sin costo alguno, lo cual ha sido muy generoso de su parte. Ellos son Christopher Ash, Andrew Cornes, Mark Greene, Martín Hallet, Peter Harris, Mark Lovatt, Stephen Rand, Nick Riley, Trevor Stammers, Neil Summerton, Beverly Thomas y Scott Thomas. La mención de ellos aquí no significa que estén de acuerdo con todo (¡o realmente con algo!) de lo que se escribió en su tema de especialización.

Quiero darle las gracias a tres personas en especial: mi amigo John Wyatt estuvo dispuesto a sacar tiempo de su horario súper ocupado para escribir un capítulo extra para esta edición sobre «La nueva biotecnología» como también hacernos sugerencias acerca del capítulo «El aborto y la eutanasia». Estoy muy agradecido de él. Matthew Smith, asistente de estudio de John durante este proyecto, fue de mucha ayuda no solo con la actualización de los datos estadísticos y otros detalles similares, sino también con su contribución para el capítulo «Relaciones en los negocios». Él también escribió la Guía de Estudio, la cual esperamos que sea de ayuda no solo para los que estudian individualmente sino también para los que estudian el libro en grupo. Mi asistente personal, Kaja Ziesler, contribuyó en gran manera a este libro, no solo en términos de investigación sino también escribiendo borradores y ofreciendo sus sugerencias. Yo acepto la responsabilidad de todos los errores cometidos y omitidos.

Esta edición tomó más tiempo para completarla de lo que los involucrados en este proyecto nos habíamos imaginado, y le agradezco a John su paciencia y gracia. Zondervan ha sido de mucho apoyo y me gustaría darle las gracias a Amy Boucher-Pye, Maryl Darko y Angela Scheff en particular.

Espero que disfrutes esta nueva edición y oro pidiendo que se continúe usando para inspirar a una nueva generación y para desafiarlos a pensar cristianamente acerca del mundo y actuar para que sea más agradable a Dios.

Roy McCloughry
West Bridgford
Septiembre 2005

Una nota de John Stott

¡Ser invitado a actualizar el libro de otra persona es una tarea desagradecida! Pero Roy McCloughry lo ha hecho con una gracia, habilidad y perseverancia considerables.

Le pedí a Roy que tomara la responsabilidad de hacer la cuarta edición de *Problemas que los cristianos enfrentamos hoy* porque a mi edad (ochenta y cinco años) sabía que no podía y además porque tenía plena confianza en que él lo podía hacer.

No me desilusionó. Yo le he dado a Roy completa libertad, y sus revisiones han sido profundas y algunas veces radicales, con el acuerdo que al final el libro todavía sería reconociblemente mío, lo que así es. Para aclarar esto en varios lugares se retuvo la primera persona singular («yo [...] ») y también en algunas anécdotas personales.

Le estoy muy agradecido a Roy por la inmensa cantidad de tiempo y energía que ha invertido en el trabajo de la edición, y a todos los colaboradores, a quienes él ya mencionó en su Prólogo, especialmente Matthew Smith, quien era mi asistente de estudio en ese tiempo.

Nos despedimos de esta cuarta edición de *Problemas*, pidiendo en oración que estimule a la nueva generación de lec-

tores a pensar como cristianos acerca de los grande problemas
de hoy.

JOHN STOTT
SEPTIEMBRE 2005

Nuestro mundo cambiante: ¿Es necesario que los cristianos se involucren?

En la aurora del siglo veintiuno estamos enfrentando un conjunto asombroso de desafíos que veinticinco años antes no lo hubiéramos podido ni siquiera imaginar. Por un lado la rapidez con que cambia la tecnología ha confirmado la habilidad de la humanidad, y por otro lado la persistencia de la pobreza global sigue siendo un desafío a nuestra idea de justicia. Estamos aumentando la interdependencia global, las oportunidades de negocios abundan, pero los ricos y los pobres están tan alejados como siempre. Nos dirigen como consumidores y no como ciudadanos en una sociedad materialista con gran sofisticación pero con poco sentido de propósito. Las consecuencias involuntarias de nuestras acciones han causado problemas en el medio ambiente que ponen en peligro nuestro futuro. Aunque menguó la amenaza de una guerra nuclear, se está presentando un aumento global del terrorismo, el advenimiento de bombas suicidas y el resurgimiento de la violencia que se inspira en los motivos religiosos. La descomposición de la familia, en particular en el Occidente, ha colocado cargas pesadas en los padres solteros, amenazando la cohesión de la comunidad y en muchos casos produciendo alineación en la juventud. Estamos confundidos en cuanto a la identidad de la humanidad, esta confusión se ve en la destrucción de la vida a través del aborto y la eutanasia y en nuestra intención de crear la vida a través de la genética y la clonación.

¿Por qué involucrarse en este tipo de mundo? Es extraordinario que necesitemos hacernos esta pregunta y que la controversia afecte la relación entre el evangelismo y la responsabilidad social. Todos estos problemas y muchos otros afectan tanto a los cristianos como a los que no profesan ninguna fe. Desafían nuestro sentido de identidad y propósito. Nos desafían a aplicar pensamientos cristianos a los nuevos problemas que están surgiendo con rapidez. En el próximo capítulo trataré el tema de cómo los cristianos están llamados a desarrollar una mente cristiana, pero en este capítulo quiero tratar el compromiso de involucrarnos en este mundo. Es triste todavía encontrar a algunos que creen que los cristianos no tienen responsabilidad social en este mundo sino solo la comisión de evangelizar a aquellos que no han oído el evangelio. Es claro que Jesús en su ministerio aplicó tanto «enseñando [...] y anunciando» (Mateo 4:23; 9:35) como «haciendo el bien y sanando» (Hechos 10:38). Por consecuencia, «ha habido una relación íntima entre evangelismo y preocupación social a través de la historia de la Iglesia [...] Con frecuencia los cristianos inconscientemente se han involucrado en ambas actividades sin sentir ninguna necesidad de definir lo que estaban haciendo ni por qué».[1] Nuestro Dios es un Dios amoroso que perdona a quienes se vuelven a él arrepentidos, pero también es un Dios que desea justicia y nos pide a nosotros, su pueblo, que no solamente vivamos en justicia sino que también defendamos la causa del pobre y menesteroso.

¿Por qué los cristianos deben involucrarse? Al fin y al cabo solo hay dos posibles actitudes que los cristianos pueden adoptar hacia el mundo. Una es escapar y la otra es involucrarse. (Podrías decir que hay una tercera opción llamada acomodación. Pero entonces los cristianos no se distinguirían del mundo y no desarrollarían una actitud diferente. Sencillamente formarían parte de este.) «Escapar» quiere decir dar la espalda al mundo en actitud de rechazo, lavar nuestras manos (aunque descubriremos con Poncio Pilato que lavar las manos no elimina la responsabilidad) y endurecer nuestros corazones contra los agonizantes gritos del mundo buscando ayuda. En contraste, «involucrarse» quiere decir dar una vuelta para mirar el mundo con compasión, ensuciar y lastimar nuestras manos en el servicio y sentir en nuestro interior el amor incontenible y conmovedor de Dios.

Muchos de nosotros, los evangélicos, hemos estado o aún estamos escapando irresponsablemente.

Tener comunión unos con otros en la iglesia es más cómodo que servir afuera en un medio apático y hasta hostil. Desde luego, ocasionalmente evangelizamos en el terreno enemigo (esa es nuestra especialidad evangélica); pero luego nos volvemos a alejar, al interior de nuestra fortaleza, en nuestro castillo cristiano (en la seguridad de nuestra comunión evangélica), aislándonos y cerrando nuestros oídos a los gritos de los que quieren entrar. En cuanto a la actividad social, tenemos la tendencia de decir que es una pérdida grande de tiempo en vista del inminente regreso del Señor. Después de todo, cuando la casa se está quemando, ¿qué sentido tiene poner cortinas nuevas o reorganizar los muebles? Lo único que importa es rescatar a los que están pereciendo. Así pues, hemos tratado de suavizar nuestra conciencia con una teología falsa.

La herencia del compromiso social evangélico[2]

Los evangélicos han tenido una historia en la que predomina el compromiso social y la justicia económica, especialmente en Europa y en Norteamérica durante el siglo dieciocho. El avivamiento evangélico, que afectó los dos continentes, no se debe explicar tan solo en términos de la predicación del evangelio y la conversión de pecadores a Cristo; sino que también dio por resultado una filantropía amplia que produjo un efecto profundo en la sociedad por ambos lados del Océano Atlántico. John Wesley es el ejemplo más impactante de todo esto. Se le recuerda especialmente como el evangelista errante y el predicador al aire libre, pero el evangelio que él predicaba inspiraba a la gente a tomar la causa social en el nombre de Cristo. Los historiadores le atribuyen a la influencia de Wesley, más que a cualquier otra cosa, el hecho de que Inglaterra no sufriera el horror de una revolución sangrienta como la de Francia.[3]

El cambio que ocurrió en Inglaterra durante este periodo se documentó muy bien en el famoso libro de J. Wesley Bready titulado *England: Before and After Wesley* [Inglaterra: Antes y después de Wesley], con el subtítulo «El avivamiento evangélico y la reforma social». Su investigación lo forzó a concluir que «el avivamiento evangélico ignorado y frecuentemente burlado» fue «la nodriza del espíritu y de los valores del carácter que han creado y sostenido las instituciones libres a través del mundo de habla inglés», y «la clave moral de la historia anglo-sajona».[4] Bready describió «el espíritu salvaje de la mayor parte del siglo dieciocho»,[5] que se caracterizó por:

La tortura irracional de animales para los deportes, la borrachera bestial de la población, el tráfico inhumano de negros africanos, el secuestro de paisanos para la exportación y venta como esclavos, la mortalidad de niños de la parroquia, la obsesión universal de las apuestas, el salvajismo del sistema carcelario y del código penal, el tumulto de la inmoralidad, la prostitución en el teatro, la creciente preponderancia del desenfreno, la superstición y la lascivia; los sobornos políticos y la corrupción, la arrogancia y truculencia eclesiástica, las pretensiones superficiales del deísmo, la hipocresía y la degradación comunes en la iglesia y en el estado. Tales manifestaciones sugieren que tal vez los británicos estaban tan profundamente degradados y depravados como cualquier pueblo de la cristiandad.[6]

Entonces las cosas comenzaron a cambiar. En el siglo diecinueve se abolieron la esclavitud y el comercio de esclavos, se humanizaron las cárceles, mejoraron las condiciones en las fábricas y en las minas, la educación comenzó a ser accesible para el pobre y los sindicatos comenzaron a existir.

Así que, ¿desde cuándo este sentimiento humanitario? ¿Desde cuándo esta pasión por la justicia social y la sensibilidad por las injusticias humanas? De acuerdo a la verdad histórica que no se puede obviar, solo hay una respuesta. Esto se produjo por una nueva conciencia social. Admitimos que esa conciencia social surgió de varias fuentes, no obstante, debemos reconocer que lo que la cuidó y nutrió fue el avivamiento evangélico del cristianismo vivo y práctico. Este fue un avivamiento que iluminó la postura central de la ética del Nuevo Testamento, que hizo realidad la paternidad de Dios y la hermandad de los hombres, que señaló la prioridad de la personalidad por encima de la propiedad, y que dirigió el corazón, alma y mente para establecer el Reino de Justicia sobre la tierra.[7]

El avivamiento evangélico «hizo más para transformar el carácter moral de la población en general que cualquier otro movimiento histórico registrado en Inglaterra».[8] Para Wesley eran ambos, un predicador del evangelio y un profeta de los derechos sociales. Él fue «el hombre que restauró el alma de la nación».[9]

Los líderes evangélicos de la siguiente generación estaban comprometidos con igual entusiasmo en la evangelización y en la acción social. Los más famosos entre ellos fueron Granville Sharp, Thomas Clarkson, James Stephen, Zachary Macaulay, Charles Grant, John Shore (Lord Teignmouth), Thomas Babington, Henry Thornton y, por supuesto, su guía o precursor, William Wilberforce. Debido a que varios de ellos vivían en Clapham, que en ese tiempo era un pueblo a cinco kilómetros al sur de Londres, y que pertenecían a la Iglesia Parroquial de Clapham, cuyo rector, John Venn, era uno de ellos, los llamaron «La secta de Clapham», aunque en el congreso y en la prensa los llamaban, como una burla, «los Santos».

El rechazo unánime a la esclavitud de los africanos fue lo que hizo que se unieran por primera vez. En 1791, tres días antes de su muerte, John Wesley le escribió a Wilberforce para asegurarle que Dios lo había formado para su «iniciativa gloriosa» y para alentarlo a no cansarse de hacer el bien. La comunidad de Clapham (bajo el liderazgo de Wilberforce) inició la primera comunidad de esclavos libres en Sierra Leona (1787), la abolición del tráfico de personas (1807), el registro de los esclavos en las colonias (1820), que pusieron fin al tráfico y contrabando de esclavos y por fin consiguieron su emancipación (1833). Es verdad que «los Santos» fueron ricos de la aristocracia, que compartían algunos de los puntos ciegos de su tiempo, pero ellos fueron exageradamente generosos en su filantropía y era extraordinario el rango de su interés. Junto a la polémica de la esclavitud, ellos se involucraron en la reforma penal y parlamentaria, en la educación popular (Escuela Dominical, tratados y el periódico *Christian Observer* [Observador cristiano]), la obligación de los ingleses para con sus colonias (en especial India), la extensión del evangelio (ellos fueron instrumentos fundamentales tanto en las Sociedad Bíblica como en la Sociedad Misionera de la Iglesia), y en la legislación laboral. Hicieron campañas en contra de los duelos, apuestas, borracheras, inmoralidad y deportes crueles contra animales. En todo esto fue su fuerte fe evangélica la que siempre los dirigió y motivó. Ernest Marshall Howse escribió acerca de ellos:

> Este grupo de amigos de Clapham poco a poco se fue entretejiendo con una maravillosa intimidad y solidaridad. Planearon y trabajaron en un comité que nunca se disolvió. Se reunieron en las mansiones de Clapham con el común impulso a lo que ellos llamaron el «Concilio del Gabinete» donde discutieron los errores y las injusticias que fueron una mancha para su país y las batallas que necesitarían pelear para establecer la justicia. Y desde entonces, dentro y fuera del Parlamento, se movieron como un solo cuerpo, delegando a cada hombre el trabajo que podía hacer mejor, manteniendo sus principios comunes y realizando sus propósitos comunes.[10]

Reginal Coupland, en su biografía de Wilberforce, comentó con toda justicia: «Esto fue, en verdad, un fenómeno único, una hermandad de políticos cristianos. Nunca hubo nada como esto en la vida pública de Inglaterra».[11]

En 1826, a la edad de veinticinco años, eligieron a Anthony Ashley Cooper en el parlamento inglés. Primero en la Cámara de los Comunes y luego en la Cámara de los Lores como el séptimo conde de Shaftesbury, sucesivamente él se interesó en la condición de los enfermos mentales, los niños trabajando en las fábricas, «los niños subiendo» o barriendo las chimeneas, mujeres y niños en las minas, los niños en los barrios más pobres, más de 30.000 que no tenían casa en Londres y más de un millón en el país que no habían estudiado. Georgina Battiscombe, su biógrafa que con frecuencia lo criticaba, terminó el relato de su vida con este atributo generoso: «Realmente, ningún hombre ha hecho más por disminuir la extensión de la miseria humana, ni ha añadido más a la suma total de la felicidad humana».[12] Él mismo se sintió capaz de proclamar que «los evangélicos promovieron la mayoría de los movimientos filantrópicos del siglo».[13]

La misma historia se podría contar de los Estados Unidos en el siglo diecinueve. La participación social fue el bebé de la religión evangélica y la hermana gemela del evangelismo. Esto se ve claro en Charles G. Finney, quien es más conocido como el abogado que se convirtió en evangelista y el autor de *Lectures on Revivals of Religion* [Conferencias sobre el avivamiento de la religión] (1835). A través de la predicación del evangelio llegaban por fe a Cristo una gran cantidad de personas. Lo que no es muy conocido es que él se interesó en la «reforma» tanto como en el «avivamiento». Estaba convencido, como Donald W. Dayton había mostrado en su *Discovering an Evangelical Heritage* [Descubrimiento de una herencia evangélica], de que el evangelio «suelta un poderoso impulso para reformar lo social» y que la iglesia que es negligente a la reforma social entristece al Espíritu Santo e impide el avivamiento. Es asombroso leer la oración de Finney en su artículo número veintitrés sobre el avivamiento en el que dice: «el gran negocio de la iglesia es reformar al mundo [...] La iglesia de Cristo originalmente se organizó para ser el cuerpo de reformadores. La misma profesión de la cristiandad implica la profesión y promesa para hacer todo lo que se pueda a favor de la reforma universal del mundo».[14]

No es de sorprenderse que Dios, a través del evangelismo de Finney, levantara «un campamento de jóvenes convertidos que en esa época comenzaron a ser las tropas del movimiento reformador». En particular «el grupo en contra de la esclavitud [...] estaba compuesto principalmente por las personas que se convirtieron mediante la evangelización de Finney».[15]

El siglo diecinueve también se conoce por la enorme expansión de misiones cristianas. Sin embargo, no se debe pensar que los misioneros se concentraran exclusivamente en la predicación, o que su preocupación social realmente se viera limitada a ayudar o aliviar el sufrimiento de las personas, ignorando así el desarrollo de actividades sociopolíticas. En la práctica no se observaban estas diferencias. No, ellos llevaron medicinas y educación, tecnología agrícola y otras tecnologías como una expresión de la misión y la compasión. En el nombre del evangelio hicieron campañas contra la injusticia y la opresión. No tuvieron una misión de palabras sino palabras y hechos.

«El gran revés»

Sin embargo, después sucedió algo que desafió el compromiso evangélico con el interés social. Esto fue especialmente aparente durante los primeros treinta años del siglo veinte, y en especial durante la década que siguió La Primera Guerra Mundial, cuando se dio un gran cambio que el historiador norteamericano Timothy L. Smith llamó «El gran revés», y David O. Moberg lo investigó en su libro con el mismo título.[16]

La lucha contra el liberalismo

La primera causa fue la lucha contra el liberalismo teológico que descuidaba la predicación del evangelio. Los evangélicos sentían que tenían la espalda contra la pared.[17] Es comprensible que comenzaran a preocuparse por la defensa y la proclamación del evangelio, pues al parecer nadie estaba defendiendo el cristianismo histórico y bíblico. Este fue el periodo (en realidad 1910-15) cuando en los Estados Unidos se publicó la serie de doce libros pequeños titulados *The Fundamentals* [Los Fundamentos], de donde surgió el término «fundamentalismo». Cuando los evangélicos estaban buscando vindicar los fundamentos de la fe, sintieron que no tenían tiempo para los intereses sociales.

El rechazo del «evangelio social»

En segundo lugar, los evangélicos reaccionaron contra el llamado «evangelio social» que los teólogos liberales estaban desarrollando en ese tiempo y en el cual la meta era engendrar una sociedad cristiana por medio de la acción social y política. Teólogos tales como Walter Rauschenbusch, profesor de la historia de la iglesia en el Seminario de Rochester, Nueva York, desde 1897 hasta 1917, criticó el capitalismo y abogó por una especie sencilla de «comunismo» o socialismo cristiano.[18] En primer lugar, se equivocó al identificar el reino de Dios con «la reconstrucción de la sociedad con bases cristianas».[19] En segundo lugar, él implicaba que los seres humanos podían establecer por sí mismos el reino de Dios (aunque Jesús siempre dijo que es un regalo de Dios). El reino de Dios no es cristianizar a la sociedad. Es la regla divina en la vida de esos que reconocen a Cristo. Hay que «recibirlo», «heredarlo» o «entrar en él» por medio de la fe en Jesús con humildad y fe que se expresa en arrepentimiento. La nueva sociedad de Dios está llamada a exhibir los ideales de su regla en el mundo y así presentarle al mundo una alternativa de la realidad social. Este desafío social del evangelio del reino es diferente al «evangelio social». Es comprensible (aunque lamentable) que los evangélicos reaccionaran contra el evangelio social concentrándose en el evangelismo y en la filantropía personal, y evitando la acción socio-política.

El impacto de la guerra

La tercera razón que provocó la negligencia de la responsabilidad social de los evangélicos fue la desilusión y el pesimismo ampliamente difundida después de la Primera Guerra Mundial, porque esto expuso la maldad de la raza humana. Fallaron los primeros programas sociales. Los seres humanos y la sociedad humana parecían ser irreformables. Los intentos para reformarlos fueron inútiles. Aunque es cierto que los evangélicos no debieron haberse sorprendido debido a las doctrinas del pecado original y la depravación humana. Pero entre las guerras no hubo un líder evangélico que articulara la providencia y gracia común de Dios como razones para perseverar en la esperanza. La cristiandad histórica y reformada estaba menguando.

La influencia del premilenialismo

En cuarto lugar, se esparció el concepto premilenial (especialmente a través de la enseñanza de J.N. Darby que llegó a ser famosa a través de la Biblia «Scofield»). Esta demuestra que el malvado mundo presente está muy lejos de mejorar o redimirse y predice que el mundo se va a deteriorar constantemente hasta la venida de Jesús, quien instaurará su reino milenial en la tierra. Si el mundo se está empeorando, y si esto solamente se arreglará cuando Jesús venga, el argumento continúa y entonces no hay razón para tratar de reformarlo mientras tanto. «Adoptar programas políticos es como limpiar un camarote muy grande del barco Titanic después de chocar con el gran témpano de hielo […] Sencillamente es más importante predicar el evangelio y rescatar las almas para la vida eterna».[20]

El crecimiento de la clase media

La quinta razón para la alineación evangélica del interés social probablemente fue la extensión del cristianismo entre la gente de clase media, que tendía a diluirlo al identificarlo con su propia cultura. Tenemos que admitir que muchos de nosotros le damos gran valor a la salvación y somos una cultura profundamente conservadora que prefiere mantener la estabilidad en vez de involucrarse en el negocio «desordenado» de la acción social y política. Esta es una de las razones por la cual muchas personas estereotipan a los cristianos como preocupados por su salvación a expensas de la plaga de la pobreza y la miseria. Si somos fieles al evangelio cristiano, es seguro que necesitamos tomar acción contra la injusticia donde quiera que la encontremos. Aunque antes mencioné algunos ejemplos excelentes de acción social en el siglo dieciocho y diecinueve, en verdad hubo otras situaciones en que la iglesia accedió con opresión y explotación, no reaccionó contra esta maldad y ni siquiera protestó contra ella.

Estas cinco razones explican el «Gran Revés». No culpamos a nuestros precursores evangélicos, es probable que nosotros también hubiésemos reaccionado igual que ellos ante la presión contemporánea. No todos los evangélicos abandonaron su conciencia social al comienzo del siglo veinte y entre las dos guerras. Algunos persistieron en la lucha, involucrándose por completo en el ministerio tanto social como evangélico para así retener este aspecto indispensable del evangelio, sin el cual este perdería parte de su autenticidad. Pero la mayoría se alejó. Después —durante la década de 1960 que fue la década de las protestas en que la gente joven se rebeló contra el materialismo, la superficialidad y la hipocresía del mundo de los adultos que habían heredado— la mayoría de los evangélicos recuperaron su moral y las cosas comenzaron a cambiar.

El rescate del compromiso social de los evangélicos

Es probable que la primera voz que llamara a los evangélicos a retomar responsabilidad social fuera el erudito norteamericano cristiano Carl F.H. Henry, editor fundador de la revista *Christianity Today* [Cristianismo actual], en su libro *The Uneasy Conscience of Modern Fundamentalism* [La conciencia intranquila del fundamentalismo moderno] (1947). Parece que no muchos lo escucharon, pero poco a poco recibieron el mensaje. En 1966, durante la conclusión de una conferencia norteamericana sobre las misiones mundiales, los participantes unánimemente adoptaron la «Declaración de Wheaton» que unía con firmeza «la prioridad de proclamar el evangelio a toda criatura» y «testificar verbalmente a Jesucristo» con «la acción social evangélica» e instaron «que todos los evangélicos estén abiertos y firmes a la igualdad racial, la libertad humana y todas las formas de justicia social a través del mundo».

En Inglaterra, en la década de 1960, una cantidad de líderes evangélicos, muchos de los cuales eran profesionales y tenían una vida de negocios, comenzaron a luchar con la idea de las implicaciones sociales del evangelio. Entre otros estaban George Goyder, Fred Catherwood y el Profesor Norman Anderson. En el Primer Congreso Nacional de Evangélicos Anglicanos en la Universidad Kele en 1967, los evangélicos anglicanos se arrepintieron públicamente de su tendencia a alejarse del mundo secular y del resto de la iglesia, concluyendo que «tanto el evangelismo como el servicio compasivo pertenecen a la misión de Dios».[21]

No hay duda alguna que el Congreso Internacional sobre la Evangelización del Mundo, que se celebró en julio de 1974 en Lausanne, Suiza, resultara ser el cambio general para los evangélicos de todo el mundo. Se reunieron alrededor de 2.700 participantes procedentes de más de 150 países con el lema que decía: «Dejemos que la Tierra oiga su voz», y al final del congreso adoptaron el pacto de Lausanne. Después de tres secciones introductorias acerca del propósito de Dios, la autoridad de la Biblia y la unicidad de Cristo, la cuarta sección se tituló «La naturaleza del evangelismo» y la quinta «Responsabilidad social cristiana». La última declara que tanto «el evangelismo como la participación socio-político son partes de nuestro deber cristiano». Pero en el pacto, los dos párrafos están uno al lado del otro, sin ningún intento de relacionarlos, excepto por la declaración en el párrafo seis «la evangelización es primordial en la misión de la iglesia de servir sacrificadamente».

Durante los años posteriores al Congreso de Lausanne, hubo cierta tensión dentro del movimiento evangélico, unos hacían énfasis en el evangelismo y otros en la actividad social, y todos nosotros nos preguntábamos cómo, de acuerdo a las Escrituras, podríamos detallar la relación entre los dos. Así que en junio de 1982 bajo el apoyo mutuo del Comité de Lausanne y la Comunidad Mundial de Evangélicos, la Consulta acerca de la Relación entre el Evangelismo y la Responsabilidad Social (CRESR, por sus siglas en inglés) se celebró en Grand Rapids, y publicó su informe titulado «El evangelismo y la responsabilidad social: Un compromiso evangélico». Desde luego, aunque no estuvimos de acuerdo con todos los detalles, Dios nos guió a un grado sorprendente de unanimidad. Se dijo que la actividad social es ambas cosas, una consecuencia y un puente para la evangelización, y realmente se declaró que las dos eran socias. Además, el evangelio las une. «Pues el evangelio es la raíz, en donde el evangelismo y la actividad social son los frutos».[22]

Desde entonces, el compromiso de los evangélicos con la acción social ha crecido sin límites. Se han hecho muchas reuniones donde se tratan diversos temas del medio ambiente, los incapacitados, la guerra y la paz y muchos aspectos de la vida económica y política. Han nacido nuevas instituciones cuya razón de ser es facilitar la acción social cristiana, y un gran número de iglesias locales ahora tienen proyectos que buscan aplicar principios cristianos a la acción social. Muchas agencias misioneras ahora exponen el concepto de la misión integral, la cual une el evangelismo y la acción social. A través de este libro se mencionan o enumeran proyectos, campañas y organizaciones que testifican el rescate del compromiso social de los evangélicos. Sin embargo, es triste decir que recientemente también se han recibido ataques contra el redescubrimiento de nuestra herencia social cristiana. Algunos afirman que solo necesitamos enfocarnos en la exposición de las Escrituras y que el evangelismo personal como acción social es una distracción para estas cosas. Pero esto no puede ser posible. Debido a que tenemos un alto concepto de las Escrituras y la leemos con cuidado es que encontramos que el evangelismo y la acción social no están separadas y el ejemplo supremo de esto es la vida y la enseñanza de Jesús. Él nos enseña que no podemos separar el amor y la justicia: lo que desea el amor, la justicia lo requiere.

La Iglesia y la política

En este contexto es importante mirar con cuidado la relación entre el cristianismo y la política, ya que con frecuencia la acción social significa acción política. Sin embargo, en el pasado los evangélicos fueron extremadamente precavidos acerca de la relación entre el cristianismo y la política, creyendo que no se mezclaban. ¡Es obvio que la Comunidad de Clapham no creía esto!

Algunos de los que más sospechaban la acción política hace poco la aceptaron con todo su corazón. Aquí estoy pensando en muchos evangélicos conservadores en los Estados Unidos que en los últimos años del siglo veinte y en los primeros años del siglo veintiuno comenzaron campañas y han hablado de temas éticos tales como el aborto, la homosexualidad, la eutanasia, la investigación de células prenatales, lo cual veían como una amenaza del liberalismo secular que es antagónico al evangelio cristiano.

Este grupo se conoció popularmente como «La mayoría moral» y tal fue el poder de su voto que se cree que ellos fueron el factor principal para la reelección de George W. Bush en el año 2004, no solamente porque él simpatizaba con esas creencias sino también porque afirmaba tener fe cristiana. Otros permanecieron cautelosos acerca de la cercanía entre la fe cristiana y la política, mientras que quienes estaban en el grupo de la justicia social vieron la acción política como una parte esencial de su compromiso con las Escrituras.[23]

Es extremadamente importante examinar la relación entre el cristianismo y la política por dos razones. En primer lugar, para convencer a los que están bien prevenidos de que es apropiado que los cristianos se involucren en la política y que es parte de nuestro llamamiento cristiano. En segundo lugar, para definir los límites de ese llamamiento de tal manera que los que se han involucrado bastante en la política puedan entender los límites de esa participación y el peligro de politizar el evangelio.

En esta controversia hay varios asuntos involucrados, y no distinguir entre ellos hace que las aguas del debate estén turbias. El primero es la definición de la palabra «política». El segundo se refiere a la relación entre lo social y lo político, y por qué no se pueden separar. En tercer lugar, necesitamos considerar las razones por las que algunas personas se oponen a la participación de la iglesia en la política, y qué es lo que tratan de proteger. En cuarto lugar, necesitamos examinar la relación entre principios y programas.

La definición de la política

En primer lugar necesitamos definir nuestros términos. Podemos definir las palabras «la política» y «lo político» en términos amplios o limitados. En términos generales, «la política» denota la vida de la ciudad (*polis*) y las responsabilidades de los ciudadanos (*politēs*). Por lo tanto, esto concierne con el todo de nuestra vida en la sociedad humana. La política es el arte de vivir juntos en comunidad. No obstante, de acuerdo a la definición específica, la política es la ciencia del gobierno. Tiene que ver con el desarrollo e implementación de políticas específicas a través de un proceso de legislación. Se refiere a ganar poder para el cambio social.

Una vez aclarada esta diferencia, tal vez nos preguntemos si Jesús estuvo involucrado en la política. En la última y más específica definición, es claro que él no estuvo involucrado en la política. Él nunca formó un partido político, no adoptó un programa político ni organizó una protesta política. Él no trató de influenciar las políticas del César, de Pilato o de Herodes. Por el contrario, renunció a la carrera de político. Sin embargo, por otra parte y en un sentido más amplio de la palabra, todo su ministerio fue político. Él vino al mundo para participar en la vida de la comunidad humana, y por eso envió a sus seguidores a hacer lo mismo. Además, el reino de Dios que él proclamó e inauguró fue una organización social radicalmente nueva y diferente, con valores y normas que desafiaban a todos los de la comunidad vieja y caída. De esta manera su enseñanza tuvo implicaciones «políticas». Ofrecía una alternativa a lo que se consideraba normal. Su reino se percibía como un desafío al reino del César y por eso acusaron a Jesús de sedición.

Es irrelevante afirmar que Jesús y sus apóstoles no estuvieran interesados en la política, y que tampoco exigieran ni incluso aprobaran la acción política, y mucho menos que se involucraran en ella. Esto es cierto. No lo hicieron. Sin embargo, aunque la política se refiere a los asuntos del estado, también es acerca de ganar poder y ejercer el poder. El hecho que Jesús tuviera un punto de vista muy diferente acerca del poder fue una de las razones por las cuales los políticos de su tiempo le temieron y lo consideraron una amenaza a su gobierno. No es por gusto que María dijera en el Magníficat: «De sus tronos derrocó a los poderosos, mientras que ha exaltado a los humildes» (Lucas 1:52). Aunque la enseñanza de Jesús no fue abiertamente política, trastornaba las estructuras injustas, desafiaba la opresión y le afirmaba a la gente que había un reino nuevo que se caracteriza por ser justo y porque la verdad, y no las promesas políticas, libra a las personas. El impacto de esto sobre la vida social y la política fue tan profundo que es correcto hablar acerca de «la política de Jesús».[24]

El resultado de esta enseñanza tomó tiempo para hacer un impacto. Debemos recordar que los seguidores de Cristo fueron una pequeña e insignificante minoría bajo el régimen totalitarista de Roma. Las legiones estaban por todas partes, tenían la orden de oprimir la disensión, aplastar la oposición y preservar el estado actual. La pregunta es: ¿Estarían ellos políticamente activos de haber tenido la oportunidad y la probabilidad de alcanzar el éxito? Creo que lo habrían hecho. Porque sin acciones políticas apropiadas simplemente es imposible satisfacer algunas necesidades sociales. Los apóstoles no exigieron la abolición de la esclavitud. Pero, ¿no estamos contentos y orgullosos de que en el siglo diecinueve los cristianos lo hicieran? Sus campañas se basaban en las enseñanzas bíblicas acerca de la dignidad humana, y fue una legítima extrapolación de esto. Tampoco los apóstoles construyeron hospitales ni se les requirió construirlos, pero los hospitales cristianos son una legítima extrapolación de la compasión de Jesús por el enfermo. Entonces, la acción política (la cual es el amor buscando justicia para el oprimido) es la legítima extrapolación de la enseñanza y el ministerio de Jesús. Como el Arzobispo Desmond Tutu comentó en su forma llamativa: «Me pregunto cuál Biblia está leyendo la gente cuando afirma que la religión y la política no se pueden combinar».[25]

Servicio social y acción social

En segundo lugar, necesitamos considerar la relación entre lo «social» y lo «político», usando ahora esta palabra en su sentido limitado. En el capítulo final del Informe de Grand Rapids «Evangelismo y la Responsabilidad Social» se habló de esto. Se distingió entre «servicio social» y «acción social», y convenientemente se presentó la siguiente tabla:

Servicio Social	Acción Social
Aliviar las necesidades humanas	Quitar las causas de las necesidades humanas
Actividad filantrópica	Actividad política y económica
Ministrar a individuos y familias	Transformar las estructuras de la sociedad
Obras de misericordia	Buscar la justicia [26]

Después de esto el informe delineó la acción socio-política en los siguientes términos: «Mira más allá de las personas para considerar las estructuras, más allá de la rehabilitación de los prisioneros para reformar el sistema de las cárceles, más allá de mejorar las condiciones de las fábricas para asegurar la participación de los trabajadores, más allá de preocuparse por los pobres para mejorar —y cuando es necesario transformar— el sistema económico (cualquiera que sea) y el sistema político (y otra vez, cualquiera que sea) hasta que esto permita la liberación de la pobreza y de la opresión».[27]

Entonces, parece claro que el genuino interés social cristiano abarque tanto el servicio social como la acción social. Separarlos sería artificial. En algunos casos de necesidad no se puede aliviar sin la acción política (podía mejorar el severo trato de los esclavos, pero no podía eliminar la esclavitud; era necesario abolir la esclavitud). El hecho de mejorar ciertas circunstancias, aunque necesario, podría fomentar la tolerancia hacia la situación que la causa. Si con frecuencia golpeaban a los viajeros de Jerusalén por la ruta de Jericó, y por lo general los «Buenos Samaritanos» cuidaban de ellos, la necesidad de mejores leyes para eliminar el robo a mano armada posiblemente se vería como innecesaria. Si siguen ocurriendo accidentes en una intersección en particular, no se necesitan más ambulancias sino que instalen un semáforo para prevenir accidentes. Siempre es bueno alimentar al hambriento; pero de ser posible es mejor aún erradicar la causa del hambre. Así que, si en verdad amamos a nuestros vecinos y queremos servirles, nuestro servicio quizás nos obligue (o pida) tomar una acción política a su favor.

La politización del cristianismo

En tercer lugar, necesitamos entender a los que son hostiles al hecho de que la iglesia esté involucrada en la política. Desde luego, hay un peligro real de la politización del evangelio, el cual es la identificación de la fe cristiana con un programa político. Esto es incorrecto por dos razones: La primera es que esto ignora el interés principal de la fe cristiana, que es amar a Dios: el «primer y gran» mandamiento. Amar a nuestros vecinos como a nosotros mismos es también importante, y van juntos. La segunda razón es que en un mundo caído ningún programa político puede afirmar ser la expresión de la voluntad de Dios.

Como dijo el Arzobispo William Temple, arzobispo de Canterbury en el siglo veinte que más se preocupó por el aspecto social: «la doctrina del pecado original debe hacer que la iglesia sea intensamente realista y notablemente libre del utopismo».[28] La declaración en el pacto de los cristianos evangélicos que se reunieron en

Lausanne en el gran Congreso Internacional sobre la evangelización del mundo (1974) fue completamente directa: «Nosotros [...] rechazamos, como un sueño arrogante y egoísta, la idea que el ser humano puede construir una utopía sobre la tierra».[29]

No debemos olvidar que nuestro llamado a la participación social necesita integrarse a nuestra vida espiritual. Por ejemplo, no podemos separar la acción social o el servicio social de la oración. Un ejemplo es el trabajo de la Madre Teresa de Calcuta.

Muchos de los visitantes a la Madre Teresa y a sus Misioneras de la Caridad se sorprenden al ver que a la hora del almuerzo ellas siempre abandonan su trabajo vital en los puestos de salud y en el hogar para los desahuciados. ¿Por qué regresar tan pronto? Para orar. Ellas han aprendido que trabajar sin orar solo les permite lograr lo que es humanamente posible, y su deseo es estar involucradas en las posibilidades divinas.[30]

Por tanto, la iglesia no debe olvidar su principal llamado a orar, evangelizar y animar a las personas a seguir a Cristo. Políticamente también es necesario estar consciente que aunque se busca lo mejor para la sociedad humana y se estudia la Palabra de Dios para tener la mente cristiana, no es posible meter el pensamiento cristiano en un programa político particular. Como vemos, una de las virtudes de la democracia es que nos lleva a la humildad y a la necesidad de escucharnos unos a otros, especialmente cuando estamos en desacuerdo y queremos encontrar el camino para seguir adelante.

La relación entre principios y programas

En 1942, William Temple destacó la distinción importante entre los principios y los programas en su muy bien conocido libro *Christianity and the Social Order* [El cristianismo y el orden social].[31] «La iglesia está comprometida con el evangelio eterno

[...] nunca debe comprometerse con un programa efímero de acción detallada».[32] Los lectores de Temple saben que él estaba muy lejos de afirmar que la religión y la política no se mezclan. Su punto era diferente, quería decir «que la Iglesia está interesada en principios y no en políticas».[33] Las razones por las que él creía que la iglesia como un todo debía abstenerse de la «acción política directa» por medio del desarrollo y de la promoción de programas específicos podrían resumirse como: «integridad» (la iglesia no tiene la pericia necesaria, aunque es posible que algunos miembros sí la tengan), «prudencia» (la iglesia puede probar estar equivocada y por tanto desacreditarse) y «justicia» (diferentes cristianos sostienen diferentes opiniones, y la iglesia no debe favorecer a la mayoría de sus miembros en contra de una minoría igualmente leal).

> Así que es probable que la iglesia sufra ataques por ambos lados si está cumpliendo con su deber. Se dirá que se volvió politiquera cuando en verdad solo enunció principios y señaló injusticias; y los que apoyan ciertas posiciones dirán que es inútil porque no las apoyan. Si permanece fiel a su llamado, ignorará ambas de estas quejas y continuará, hasta donde pueda, influyendo en todas las agencias y afectando todos los partidos.[34]

Por supuesto, necesitamos reconocer que cristianos individuales y hasta agencias de cristianos especialistas tendrán pericia en asuntos de principios de conducta y lo dirán, harán campañas e investigaciones sobre estos asuntos. Es también posible que una gran cantidad de cristianos consideren estar de acuerdo con una política en particular y se unan para apoyarla o protestar en contra de ella. Sin embargo, esto es diferente a comprometer la iglesia con una política en especial. Aunque estemos de acuerdo con estas aclaraciones de los roles y en que no todos los cristianos son responsables de desarrollar estas políticas, todavía tenemos que luchar con los principios, los cuales a veces no son fáciles de definir.

Tres opciones políticas

Lo necesario ahora es tomar las tres posibles actitudes para el cambio social que hemos estado considerando y darles un toque político, al mismo tiempo que notemos cuál punto de vista de los seres humanos presupone cada uno.

Autoritarismo

El gobierno autoritario impone su visión del mundo sobre la gente. Ellos no tienen el equilibrio que impone una constitución, una declaración de derechos humanos y un proceso electoral libre y justo. Los gobiernos autoritarios tienen la obsesión de controlar y tienen un punto de vista pesimista acerca de la naturaleza humana. No creen que la confianza es el corazón de la sociedad civil y sospechan de las consecuencias de la libertad humana y de la elección personal. En la historia de la humanidad los gobiernos autoritarios, ya sean fascistas, comunistas o una expresión dictatorial, como sucede en algunos países, no creen en los discursos sociales y creen que no se puede aprender nada del pueblo. Ya que la gente desea tener sus derechos humanos y desea tener la libertad de escoger cómo quieren vivir su vida, por lo general los gobiernos autoritarios no solo le imponen a la gente su visión de la sociedad sino que además las coaccionan para que acepten su visión. En muchas sociedades esto ha motivado la violencia y la represión de los derechos humanos, no solo contra aquellos que se han resistido en el nombre de la libertad sino también contra aquellos grupos que el régimen autoritario no tolera. Esto, en el siglo veinte, originó en su forma más extrema los campos de concentración nazi y el Archipiélago Gulag de la ex Unión Soviética. Aunque una autocracia fuera genuinamente benevolente, esta degradaría a los ciudadanos por no confiar en ellos para incluirlos en el proceso de tomar decisiones.

Anarquismo

Al otro extremo del espectro viene la anarquía. En esta filosofía hay tanto optimismo acerca del individuo que la ley, el gobierno y realmente toda la autoridad no solo se ven como superfluos sino como una amenaza a la libertad humana. El filósofo Ruso Bakunin estaba en contra de cualquier distribución desigual de poder. Él decía: «¿Quiere que sea imposible para alguien oprimir a su compañero? Entonces asegúrese de que nadie tenga poder».[35] El escritor Brian Morris comentó:

> El término anarquía viene del griego, y significa «ningún gobernante». Los anarquistas son personas que rechazan toda forma de gobierno o autoridad coercitiva, todas las formas de jerarquía y dominio. Ellos se oponen a lo que el anarquista mejicano Flores Magón llamó la trinidad sombría: estado, capital e iglesia. Los anarquistas se oponen tanto al capitalismo como al estado y a toda forma de autoridad religiosa. Pero los anarquistas, a través de varios medios, también buscan establecer o fomentar la condición de anarquía, es decir, una sociedad descentralizada sin instituciones coercitivas, una sociedad organizada a través de una federación de asociaciones voluntarias.[36]

Aunque esa definición parece inofensiva, la anarquía también se ha asociado con la violencia. Algunos anarquistas han intentado derribar violentamente el estado u otras instituciones, y en la imaginación popular la anarquía está más asociada con el caos que con el orden social. Entonces, el problema es que mientras el autoritarismo tiene un punto de vista pesimista en cuanto a la condición humana y niega la libertad y dignidad de la gente, la anarquía tiene un punto de vista muy optimista acerca de la naturaleza humana, ignorando aparentemente que la raza humana está caída y puede llegar a una gran depravación. Ahora sabemos que ningún punto de vista cristiano de la sociedad civil se puede expresar como un sueño utópico porque la gente no solo fue creada a la imagen de Dios sino que están caídos y cualquier sociedad debe hacerle frente a estos dos elementos de la naturaleza humana. Por esta razón ahora nos dirigimos a la democracia.

Democracia

La democracia es la tercera opción. Es la expresión política de persuasión por argumento. Si en el autoritarismo son pesimistas e imponen la ley arbitrariamente, en la anarquía son optimistas y tienen una visión inadecuada de la autoridad, entonces la democracia, al ser realista acerca de los seres humanos como creados y caídos, involucra a los ciudadanos en la formación de sus propias leyes. Por lo menos, esta es la teoría. En la práctica, es fácil para los medios de comunicación manipular a la gente y que la corrupción interfiera en el proceso político. En cada democracia hay el peligro constante de pisotear a las minorías.

Una cantidad de filosofía de la política es coherente con la democracia. Muchas formas de socialismo ven la democracia como el corazón de la sociedad civil, con la democracia social viendo la provisión de asistencia social como necesaria para una sociedad justa. Aquí el propósito es que la sociedad se debe manejar para el bien de todos. En la democracia liberal el enfoque está en la libertad y en el individuo en lugar de en la igualdad y la comunidad. Los mercados económicos están en el centro de la sociedad y el papel del estado se ve como secundario en comparación a la elección del individuo. La democracia social y la democracia liberal quizás sean los dos modelos más familiares que veamos en la práctica de hoy en día. Pero hay otros dos modelos que merecen mencionarse. El libertarianismo se enfoca por completo en las decisiones de los individuos y solo permite que el estado proteja al individuo de la coerción. Desde este punto de vista proveer ayuda a los que están en desventaja es interferir con la libertad. Esto es como una forma extrema del liberalismo. En el comunitarianismo, el énfasis está en la comunidad y en la tradición en lugar del individuo. Esta es una alternativa al liberalismo y al libertarianismo y señala la necesidad de retener nuestras instituciones y valores morales compartidos tales como la familia, mediante la cual podemos descubrir nuestra identidad.

En su libro *Democracy and Participation* [Democracia y Participación], John R. Lucas escribe: «La palabra democracia y sus derivados tienen que ver con el proceso de tomar decisiones». La palabra describe tres aspectos del proceso de tomar decisiones. Primero, la democracia se refiere a quién hace la decisión. «Una decisión se toma democráticamente si la respuesta a la pregunta "¿quién decide esto?" es "más o menos todos", en contraste a la decisión que toman los que están mejor calificados para hacerla, como en una meritocracia, o esas decisiones que toma solo un hombre como ocurre en la autocracia o en la monarquía». Segundo, la democracia describe cómo se toma una decisión. «Una decisión se toma democráticamente si se obtiene luego de una discusión, una crítica y una negociación». Tercero, la democracia describe el espíritu en el cual se toma una decisión, específicamente «estar preocupado por los intereses de todos, en lugar de solo una facción o un grupo».[37]

Así que la democracia moderna tiene la mejor oportunidad

de reflejar el punto de vista de la humanidad bíblicamente equilibrado, como es de esperar de acuerdo a las raíces de la Europa cristiana posreformada. Esto también da a los cristianos la oportunidad de hacer una contribución constructiva en una sociedad pluralista, al involucrarse en debates públicos (sea sobre desarme o divorcio, aborto o fertilización in vitro) y buscar influenciar la opinión pública hasta que haya una demanda pública para una legislación que le agradaría más a Dios. Si la democracia es gobernar por consentimiento, el consentimiento exige un consenso (o por lo menos lo hace cuando los procesos electorales realmente son democráticos), y un consenso surge de una discusión que aclara los asuntos.

Durante el siglo veinte las ideologías del fascismo y del comunismo se impusieron en la gente por la fuerza. Ambos afirmaban que podían alcanzar un estado ideal en el cual la humanidad podía trascender sus luchas históricas. El resultado fue miseria, injusticia y terror para millones de personas. Al comienzo del siglo veintiuno hemos visto, con el colapso del comunismo, una ola de democratización que barrió la Unión Soviética y el suceso notable de las elecciones en Irak, anteriormente bajo la dictadura de Saddam Hussein, aunque todavía Irak está frágil y en caos.

¿Qué es tan atrayente en la democracia? Después de todo, es una forma frágil de organizar una sociedad. Los poderosos la pueden secuestrar, corromper y abusar. Sin embargo, cualquiera que sea nuestro color político, los cristianos tienden a recomendar la democracia que Abraham Lincoln definió popularmente como «un gobierno de la gente, por la gente, para la gente». No es que sea «perfecta y llena de sabiduría», como dijo Winston Churchill en la Cámara de los Comunes el 11 de noviembre de 1947. «Realmente», continuó él, «se ha dicho que la democracia es la peor forma de gobierno, excepto por todas las otras formas que se han probado de vez en cuando».

El hecho es que esta es la forma de gobierno más sabia y segura que se haya constituido. Esto es porque refleja la paradoja de nuestra humanidad. Por un lado toma la creación con seriedad (es decir, la dignidad humana), porque rechaza gobernar a los seres humanos sin su consentimiento e insiste en darles una responsabilidad de participar en el proceso de tomar decisiones. Por otro lado, toma la naturaleza pecaminosa en serio (es decir, la depravación de la raza humana), porque rechaza concentrar el poder en las manos de una sola persona o pocas personas y en su lugar insiste en dispersarlo, y así proteger a la humanidad de su propio orgullo e insensatez. Reinhold Niebuhr lo dijo concisamente: «La capacidad del hombre para la justicia hace posible la democracia, pero la inclinación del hombre para la injusticia hace necesaria la democracia».[38]

Al hablar acerca de la importancia de la democracia, Richard Neuhaus, un teólogo católico, dice:

> La democracia es la forma apropiada de gobernar una creación caída en donde ninguna persona o institución, incluso la iglesia, puede hablar en forma infalible por Dios. La democracia es la expresión necesaria de humildad en la cual todas las personas e instituciones tienen que cumplir con propósitos trascendentes aunque percibidos de manera imperfecta [...] por supuesto, la democracia es insatisfactoria. Los gobiernos que están lejos del reino de Dios son insatisfactorios. Los descontentos de la democracia, que es provisional e incompleta, son señales de una salud política. El anhelo de encontrar un camino verdaderamente satisfactorio para poner el mundo en orden es loable. Pero este es un anhelo del Reino de Dios y está peligrosamente fuera de lugar cuando se invierte en el campo político.[39]

Los cristianos deben tener el cuidado de no «bautizar» cualquier ideología política (sea a la derecha o a la izquierda o en el centro) como si esta tuviera el monopolio de la verdad y la bondad. En el mejor de los casos, una ideología política y su programa solo son una aproximación a la voluntad y el propósito de Dios. Esos partidos que explícitamente se llaman cristianos necesitan estar conscientes de esto. La verdad es que en la mayoría de los partidos políticos hay cristianos y ellos son capaces de defender su participación con bases cristianas concienzudas. Así que, aunque es una manera demasiado sencilla de hablar, las dos ideologías políticas principales en la sociedad occidental agradan a los cristianos por distintas razones. El capitalismo agrada porque anima la iniciativa del individuo y su espíritu emprendedor, pero también repele porque no parece tomar interés en que los débiles sucumben ante la fiera competencia que este engendra. El socialismo, por otro lado, agrada porque tiene gran compasión por el pobre y el débil, pero también desagrada porque parece descuidar que la iniciativa del individuo y su espíritu emprendedor se ahoguen en la burocracia que engendra. Cada uno agrada porque recalca una verdad acerca del ser humano, o la necesidad de dar libertad a la habilidad creativa del ser humano, o la necesidad de protegerlo de la injusticia. Cada uno desagrada por dejar de tomar con igual seriedad la verdad que lo complementa. Ambos pueden ser liberadores. Ambos pueden ser opresivos. Como dice el economista y estadista, J.K. Galbraith: «Bajo el capitalismo, el hombre explota al hombre. Bajo el comunismo, es lo opuesto». Es comprensible que muchos cristianos sueñen con una tercera opción para superar los enfrentamientos presentes e incorporar lo mejor de ambos.

En la democracia estamos llamados a escucharnos unos a otros con humildad, reconociendo que no tenemos el monopolio de la verdad, mientras buscamos el propósito de Dios para nuestra sociedad. Debido a que los seres humanos están caídos, hay una diferencia entre el ideal divino y la realidad humana, entre lo que Dios ha revelado y lo que los humanos consideran posible.

Nuestra responsabilidad política cristiana

Los cristianos, al enfrentar la complejidad de la vida moderna, pueden sentir la tentación de ir a uno u otro extremo. En primer lugar pueden sucumbir en la desesperación y hasta volverse incrédulos. Hacen referencia a los desacuerdos entre cristianos, a una Biblia que está anticuada y temas que solo los expertos pueden entender como las razones por la cual las cosas no tienen esperanzas. Ellos no confían en que Dios puede hablarnos a través de las Escrituras y guiarnos a la verdad. En segundo lugar, otros pueden ser ingenuos y simplistas. Ellos quieren soluciones rápidas y con frecuencia ven los problemas en blanco y negro en lugar de reflexionar en estos con sabiduría a la luz de las Escrituras. Quizás nieguen los problemas, citen textos de pruebas, denigren a los que no están de acuerdo con ellos y hagan cualquier cosa en lugar de luchar con los problemas que enfrentamos a la luz de las Escrituras. Entonces, lo que es necesario, como presentaré en el próximo capítulo, es desarrollar una mentalidad cristiana y eso quiere decir analizar los problemas, leer las Escrituras, escuchar a otros y tomar acción.

Sin embargo, aunque hemos hecho nuestra tarea y discutido, debatido y orado juntos, necesitamos preguntarnos, «¿en qué hombros descansa la responsabilidad política?» Fallar en hacer y contestar esta pregunta es una de las razones principales para la confusión presente acerca de la participación política cristiana. Necesitamos distinguir entre los individuos cristianos, grupos e iglesias. Todos los individuos cristianos deben estar políticamente activos, como ciudadanos conscientes, ellos votarán en elecciones, se informarán acerca de temas contemporáneos, opinarán en debates públicos y quizás le escribirán a algún periódico, harán conocer sus preocupaciones a sus representantes del parlamento o congreso, o participarán en una demostración. Además, Dios llamó a algunos individuos a dar su vida para el servicio político, en el gobierno local o nacional. Los cristianos que tienen intereses morales y sociales específicos se deben animar a formar o unirse a grupos que estudien los problemas en un grado más profundo y tomen las acciones apropiadas. En algunos casos estos serán grupos exclusivamente cristianos, en otros casos los cristianos querrán contribuir su perspectiva bíblica a los grupos mixtos, sea en un partido político, un sindicato o una asociación profesional.

Sin embargo, si aceptamos que el debate y la acción política son apropiados para los cristianos y los grupos de cristianos, ¿debe la iglesia entera involucrarse en la política? Realmente la iglesia debe enseñar la ley y el evangelio de Dios. Ese es el deber del pastor, de los maestros y de otros líderes de la iglesia y «cuando la iglesia concluye que la fe bíblica o la justicia exige tomar una posición pública acerca de algún tema, entonces esta tiene que obedecer la Palabra de Dios y confiar en él para las consecuencias».[40] Creer que la iglesia debe ir más allá de las enseñanzas y tomar una acción política de algún tipo, probablemente depende de si nos adherimos a las tradiciones Luterana, Reformada o Anabaptista dentro del protestantismo en relación a la iglesia y el estado. Por lo menos podemos estar de acuerdo en que la iglesia no debe entrar en este campo sin la pericia necesaria. Pero sus normas informadas y unidas son de extrema influencia si los líderes de la iglesia hacen su tarea, toman el tiempo y el trabajo de estudiar juntos un tópico común para alcanzar una mente común cristiana y recomendar una acción común cristiana.

Considere en primer lugar al individuo cristiano. En términos generales, cada cristiano está llamado a ser testigo y siervo porque cada uno de nosotros es un seguidor del Señor Jesús quien dio testimonio y dijo: «yo estoy entre ustedes como uno que sirve» (Lucas 22:27). Por eso, *diaconia* (servicio) y *marturia* (testimonio) son gemelos inseparables. Diferentes cristianos están llamados a diferentes ministerios especiales, igual que los Doce fueron llamados al ministerio de la Palabra y la oración, mientras que los Siete fueron llamados a tomar responsabilidades en la distribución diaria para las viudas (ver Hechos 6). La metáfora de la iglesia como el cuerpo de Cristo refuerza la misma lección. Al igual que cada miembro del cuerpo humano tiene una función diferente, también cada miembro del cuerpo de Cristo tiene un don diferente y por lo tanto un ministerio diferente. Al mismo tiempo surgirán emergencias, cualquiera que sea nuestra especialidad. En la parábola del Buen Samaritano, el sacerdote y el levita no podían excusar su vergonzosa negligencia con el hombre asaltado y robado diciendo que su llamado era para trabajar en el templo. Si estamos llamados a un ministerio predominantemente social, todavía tenemos la obligación de testificar. Si estamos llamados a un ministerio donde predomina la evangelización, no podemos decir que no tenemos responsabilidades sociales.

En cuanto a la iglesia local, la versatilidad de su alcance puede aumentar en gran manera si la iglesia usa a todos lo miembros con todos sus dones y llamamientos diferentes. Algo muy saludable es que la supervisión o liderazgo de la iglesia local anime a las personas con intereses semejantes a unirse en grupos de «intereses especiales» o «grupos de estudio y acción». Algunos tendrán un objetivo de evangelismo, como por ejemplo visitar casa por casa, un grupo de música, un grupo de misiones al mundo, etc. Otros grupos tendrán un interés social, por ejemplo, visitar a los enfermos y necesitados, una asociación de viviendas, relaciones comunitarias o interraciales, cuidado del medio ambiente, campañas pro-vida o en contra del aborto, necesidades de diferentes grupos minoritarios, etc. Tales grupos especiales se complementan entre ellos. Si de vez en cuando tienen la oportunidad de informar a la iglesia lo que les está pasando, se afirmará la naturaleza representativa de su trabajo y ellos recibirán un valioso apoyo del cuerpo de Cristo en términos de consejos, ánimo, oración y apoyo financiero.

Ningún cristiano puede o debe involucrarse en cada clase de ministerio. Pero la iglesia local (no importa el tamaño) puede y debe involucrarse, a través de los grupos, en tantos aspectos como le sea posible. Los grupos facilitan gran diversidad de intereses y acciones para la iglesia.[41] Como vamos a ver en el siguiente capítulo, los cristianos necesitan tener un buen conocimiento de las Escrituras para darles el fundamento teológico de su participación cristiana. La reflexión cristiana y la acción cristiana no se deben separar.

Termino este capítulo con lo que posiblemente es una referencia sorprendente a la misa de la Iglesia Católica Romana. La palabra «misa» se deriva de la última oración de un antiguo rito en latín: *Ite, missa est.* En un español cortés significa «están despedidos». En una forma brusca sería «váyanse». Es decir, salgan al mundo que Dios hizo y a los seres que tienen la imagen de Dios y lo habitan, el mundo al que vino Cristo y hacia el cual él ahora nos envía. Porque allá pertenecemos. El mundo es el lugar en el cual vivimos y amamos, testificamos y servimos, sufrimos y morimos por Cristo.

NOTAS

1. *«Evangelism and Social Responsibility: An Evangelical Commitment, the Grand Rapids Report»* [El evangelismo y la responsabilidad social: Un com-

promiso evangélico, el informe de Grand Rapids], en John Stott (ed.), Making Christ Known: Historic Mission Documents from the Lausanne Movement 1974-1989 [Revelación de Cristo: Documentos históricos de misiones del movimiento Lausanne de los años 1974-1989], Paternoster, Carlisle, 1996, Eerdmans, Grand Rapids, 1997, p. 179.

2. Diferentes personas usan el adjetivo «evangélico» en formas distintas, pero en este libro significa aquellos cristianos que, como herederos de la Reforma, recalcan las Escrituras como la autoridad suprema en la Iglesia y la cruz de Jesucristo como la única base.para la salvación.

3. G.M. Trevelyan está de acuerdo con la opinión del historiador francés Elie Halevy que la religión evangélica en Inglaterra «fue la influencia principal que evitó que nuestro país fuera por el camino de la violencia revolucionaria», English Social History [La historia social de Inglaterra], Longmans Green, Londres, 1942, p. 477. Ver también Lecky, W.E.H., A History of England in the Eighteenth Century, vol. vi [Una historia de Inglaterra en el siglo xviii, vol. vi], Longmans Green, Londres, 1919, p. 376.

4. Bready, J. *Wesley, England: Before and After Wesley* [Inglaterra: Antes y después de Wesley], Hodder & Stoughton, Londres, 1939, pp. 11, 14.

5. Ibid., p. 126.

6. Ibid., p. 405.

7. Ibid.

8. Ibid., p. 327.

9. Ibid., p. 316.

10. Howse, Ernest Marshall, *Saints in Politics, The "Clapham Sect" and the growth of freedom* [Los santos en la política, la comunidad de los «Clapham» y el crecimiento de la libertad], George Allen & Unwin, Londres, 1953, p. 26. Ver también Hylson-Smith, Kenneth, *Evangelicals in the Church of England 1734-1984* [Los evangélicos en la Iglesia Anglicana 1734-1984], T & T Clark, Edinburgh, 1989, cap. 5.

11. Howse, *Saints in Politics*, p. 27.

12. Battiscombe, Georgina, Shaftesbury: *A Biography of the 7th Earl 1801-1885* [Shaftesbury: Una biografía del 7º conde 1801-1885], Constable, Bend, Ore., 1974, p. 334.

13. Citado por Moberg, David O. in *The Great Reversal, Evangelism versus social concern* [La gran revés, el evangelismo contra el interés social], 1972, Scripture Union, Londres, 1973, p. 184. Para un relato de la obra social evangélica en Inglaterra en el siglo xix, ver Heasman, Kathleen, Evangelicals in Action [Los evangélicos en acción], Goeffrey Bles, Londres, 1962.

14. Dayton, Donald W., *Discovering an Evangelical Heritage* [Descubrir una heredad evangélica], Harper & Row, New York, 1976, pp. 15-24. Ver también Smith, *Timothy L., Revivalism and Social Reform: American Protestantism on*

the Eve of the Civil War [El avivamiento y la reforma social: El protestantismo norteamericano en la víspera de la Guerra Civil], 1957, Johns Hopkins Univ. Press, Baltimore, 1980. El Dr. Smith comienza su prefacio diciendo que si Thomas Paine hubiera visitado New York en 1865, se asombraría al descubrir que «la gloria libertadora del gran despertar había convertido la libertad cristiana, la igualdad cristiana y la hermandad cristiana en la pasión del país» (p. 7).

15. De un artículo por Dayton, Donald W., en *The Post-American* [La marcha post-americana], Marzo de 1975.

16. Moberg, *The Great Reversal*. Ver también Marsden, George, *Fundamentalism and American Culture* [El fundamentalismo y la cultura norteamericana], Oxford Univ. Press, Oxford, 1980, pp. 85-93); Smith, *Revivalism and Social Reform*, p. 212. Para un estudio más conciso e histórico del período de «la gran inversión», ver Hunter, James Davidson, *American Evangelicalism: Conservative Religión and the Quandary of Modernity* [Los evangélicos norteamericanos: La religión conservadora y el problema del modernismo], Rutgers Univ. Press, New Brunswick, N.J., 1983, pp. 23-34.

17. Cassidy, Michael, *The Passing Summer: A South African Pilgramage in the Politics of Love* [El verano está pasando: Un peregrinaje africano en la política del amor], Hodder & Stoughton, Londres, 1989, pp. 253-4.

18. Ibid., pp. 391-400.

19. Ibid., p. 149.

20 Marsden, George, «An Overview» [Una reseña], en Michael Cromartie (ed.), *No Longer Exiles* [No más exiliados], Ethics and Public Policy Center, Washington, DC, 1993, p. 14.

21. Crowe, Philip (ed.), *The National Evangelical Anglican Congress* [El congreso nacional anglicano evangélico], Keele 67, Falcon, Londres, 1967, párrafo 20.

22. Stott (ed.), Making Christ Known, p. 185.

23. Ver Wallis, Jim, *God's Politics: Why the Right Gets It Wrong and the Left Doesn't Get It* [La política de Dios: por qué la derecha se equivoca y la izquierda no entiende], HarperCollins, New York, 2005).

24. Para esto, ver Storkey, Alan, *Jesus and Politics: Confronting the Powers* [Jesús y la política: Enfrentar el poder], Baker Academic, Grand Rapids, 2005.

25. Citado en www.christian-aid.org.uk/worship/0210into/quotes.htm.

26. Stott (ed.), *Making Christ Known*, p. 196.

27. Ibid., pp. 197-8.

28. Temple, William, *Christianity and the Social Order* [El cristianismo y el orden social] Penguin, Londres, 1942, p. 29.

29. «The Lausanne Covenant» [El pacto de Lausanne], párrafo 15. Ver Stott (ed.), *Making Christ Known*, p. 42.

30. Hatfield, Jane, *Creative Prayer, Spirituality Series no. 7* [La oración creativa,

Serie Espiritualidad no. 7], Grove Books, Cambridge, 1983.

31. Temple, *Cristianity and the Social Order*, p. 54.

32. Ibid., p. 31.

33. Ibid., p. 59.

34. Ibid., p. 59.

35. Bakunin, Mikhail, *The Political Philosophy of Bakunin* [La filosofía política de Bakunin] en G.P. Maximoff (ed.), The Free Press, Rockland, Me., 1965, p. 271.

36. Morris, Brian, «Anthropology and Anarchism» [La antropología y la anarquía], pp. 35-41, en *Anarchy: A Journal of Desire Armed* [La anarquía: un diario del deseo armado], no. 45, p. 38.

37. Lucas, John R., *Democrary and Participation* [La democracia y la participación], 1975, Pelican, Harmondsworth, 1976, p. 10. También recomiendo Niebuhr, Reinhold, *The Children of the Light and the Children of the Darkness* [Los hijos de la luz y los hijos de las tinieblas], Nisbet, Londres, 1945. Lo escribió dieciocho meses antes del final de la Segunda Guerra Mundial, en el cual vio la «civilización burguesa desapareciendo frente al ataque del barbarismo de los nazis. El subtítulo de su libro es «Una vindicación de la democracia y una crítica de los que tradicionalmente la defienden». Su fe en la democracia no fue el optimismo ciego de los liberales quienes no tienen un concepto del pecado original y por eso tienen «una idea fatua y superficial del ser humano» (p. 15). De otra manera entendió que la democracia es la mejor manera para resolver la tensión entre el individuo y la comunidad, entre el egoísmo y el bien de la comunidad, entre la libertad y el orden.

38. Niebuhr, *The Children of the Light*, p. vi.

39. Neuhaus, Richard, *The Naked Public Square: Religion and Democracy in America* [El foro público desnudo: La religión y la democracia en Norteamérica], Eerdmans, Grand Rapids, 1984, pp. 116, 124-5.

40. Stott (ed.), *Making Christ Known*, p. 202.

41. CARE, Jubilee Trust [Sociedad jubileo], Tearfund [Fondo de lágrimas] and The Institute for Contemporary Christianity [El instituto para el cristianismo contemporáneo] (entre otras organizaciones) todos patrocinan grupos que tratan de combinar ideas cristianas sobre problemas específicos con acción. Ver especialmente Eden, M.A. y E.C. Lucas, Being Transformed [Ser transformado], Marshall, Londres, 1988, en especial el apéndice 3; y McCloughry, Roy, The Eye of the Needle [El ojo de la aguja], InterVarsity Press, Leicester, 1990.

Nuestro mundo complejo: ¿Es diferente el pensamiento cristiano?

Aunque es importante estar informado acerca de los problemas que estamos enfrentando y acerca de cuáles deseamos tomar acción, también hay que estar familiarizado con los fundamentos teológicos que rigen la participación social. Como cristianos necesitamos estar convencidos de que tenemos una cosmovisión cristiana y esto solo se logra con una comprensión bíblica de la base de nuestra fe. Esta es la única cosa que nos salvará de la simplicidad ingenua y del sentimiento de desesperación que describí en el último capítulo. Sugiero que hay cinco áreas en las que Dios nos está retando a tener una mayor comprensión de lo que dice la Biblia.

Los cinco fundamentos

Una doctrina más completa de Dios

Para comenzar, necesitamos una doctrina más completa de Dios. Tendemos a olvidar que Dios se interesa en todo lo relacionado al ser humano y por toda la vida humana en toda su diversidad y complejidad. Estos fundamentos universales tienen una consecuencia importante en nuestro pensamiento.

Primero, el Dios viviente es el Dios de la naturaleza lo mismo que de la religión, de lo «secular» como de lo «sagrado». De hecho, los cristianos siempre se sienten incómodos acerca de esta distinción. Todo es «sagrado» en el sentido que pertenece a Dios, y nada es «secular» en el sentido que Dios está excluido de eso. Dios creó el universo físico, lo sostiene y lo sigue considerando bueno (Génesis 1:31). Realmente, «todo lo que Dios ha creado es bueno, y nada es despreciable si se recibe con acción de gracias» (1 Timoteo 4:4). Debemos estar más agradecidos que lo que usualmente estamos por los buenos regalos de un buen Creador, por el sexo, el matrimonio y la familia, por la belleza y el orden en la naturaleza, por el trabajo y el descanso, por las amistades y las experiencias interraciales, por la comunidad intercultural, por la música y otras clases de arte creativo que enriquecen la cualidad de la vida humana. Con frecuencia nuestro Dios es muy pequeño porque es muy religioso. Nos imaginamos que él está principalmente interesado en la religión, en edificios religiosos (templos y capillas), en actividades religiosas (adoración y rituales) y en libros religiosos (Biblia y libros de oración). Desde luego, él está interesado en estas cosas, pero solo si están relacionadas con la totalidad de la vida. De acuerdo a los profetas en el Antiguo Testamento y las enseñanzas de Jesús, Dios critica mucho la «religión», si eso significa servicios religiosos separados de la vida real, del servicio amoroso y la obediencia moral del corazón. «La religión pura y sin mancha delante de Dios nuestro Padre es ésta: atender a los huérfanos y a las viudas en sus aflicciones, y conservarse limpio de la corrupción del mundo» (Santiago 1:27). El único valor de los servicios religiosos es que se concentran en una hora más o menos de actividad pública, vocal y congregacional, lo que debe ser el tema de toda nuestra vida. Si no se logra esto, y si en su lugar decimos y cantamos cosas en la iglesia que no tienen consecuencia en nuestra vida diaria fuera de la iglesia, en la casa y el trabajo, son peores que nada, su hipocresía es positivamente nauseabunda para Dios.

Segundo, el Dios viviente es el Dios tanto de las naciones como también de su pueblo con quien hizo un pacto. Algunas veces los cristianos cometemos el mismo error que cometió Israel en el Antiguo Testamento al concentrarse exclusivamente en el Dios del pacto que la escogió entre todas las naciones para ser una nación santa, y quien se comprometió con ellos diciendo: «Yo seré tu Dios y tu serás mi pueblo». Es cierto que esta es una verdad gloriosa. El concepto de «pacto» es un tema importante en la Biblia, la revelación bíblica no se entiende sin esto. Pero es una media verdad peligrosa. Cuando Israel destacó el pacto en exceso, minimizó al Dios viviente. Los israelitas lo redujeron al grado de una deidad tribal, a un diosito. Él se convirtió en Yahvé, el dios de los israelitas, más o menos igual a Quemos, el dios de los moabitas y Moloc, el dios de los amonitas. También se olvidaron de las otras naciones, o simplemente las despreciaron y las rechazaron.'

Pero la Biblia comienza con las naciones, no con Israel; con Adán no con Abraham; con la creación no con el pacto. Y cuando Dios escogió a Israel, él no perdió interés en las naciones. Amós proclamó con valor la Palabra del Señor: «Israelitas, ¿acaso ustedes no son para mí como cusitas? [o Etíopes] [...] ¿Acaso no saqué de Egipto a Israel, de Creta a los filisteos y de Quir a los sirios?» (Amós 9:7). Es muy semejante lo que le ocurrió al rey Nabucodonosor ya que tuvo que aprender que «el Altísimo es el soberano de todos los reinos del mundo, y que se los entrega a quien él quiere» (Daniel 4: 32b). Él reina sobre las naciones. Su destino está bajo su control. Aunque Satanás es llamado «el que reina en este mundo» y es en verdad el usurpador, Dios sigue siendo el que reina sobre todo lo que él ha creado. «El Señor observa desde el cielo y ve a toda la humanidad; él contempla desde su trono a todos los habitantes de la tierra. Él es quien formó el corazón de todos, y quien conoce a fondo todas sus acciones» (Salmo 33:13-15). Más que eso, él prometió que al bendecir a Abraham y su descendencia está bendiciendo a todas las familias sobre la tierra y que un día él restaurará lo que la caída ha manchado y llevará a la perfección todo lo que él ha creado.

Tercero, el Dios viviente es el Dios de justicia y de justificación.[1] Lógico, él es el Dios de justificación, el Salvador de los pecadores, «Dios clemente y compasivo, lento para la ira y grande en amor y fidelidad» (Éxodo 34:6b). Pero él está interesado en que la justicia caracterice nuestra vida comunitaria.

> *El Señor hace justicia a los oprimidos,*
>   *da de comer a los hambrientos*
>   *y pone en libertad a los cautivos.*
>   *El Señor da vista a los ciegos,*
>   *el Señor sostiene a los agobiados,*
>   *el Señor ama a los justos.*
>   *El Señor protege al extranjero*
>   *y sostiene al huérfano y a la viuda,*
>   *pero frustra los planes de los impíos.*
>   Salmo 146:7-9

Esto no significa que él haga todas estas cosas invariablemente, sino que esta es la clase de Dios que él es.

Además, el interés que Dios tiene por la justicia, aunque espera verla especialmente entre su propio pueblo, se extiende más allá a todas las naciones. La compasión social y la justicia le interesan tanto en las naciones como en Israel. Hay una evidencia clara de esto en los dos primeros capítulos del libro del profeta Amós. Antes que Amós reprochara a Judá por rechazar la ley de Dios, por volverse idólatra y a Israel por oprimir al pobre y negar la justicia al oprimido (2:4-8), él anunció el juicio de Dios sobre todas las naciones que las rodeaban (1:3–2:3): sobre Siria por la crueldad salvaje, sobre Filistea por capturar comunidades enteras y venderlas para la esclavitud, sobre Tiro por romper un acuerdo de hermandad, sobre Edom por su hostilidad sin misericordia contra Israel, sobre Amón por las atrocidades en la guerra, y sobre Moab por la profanación de los huesos de un rey vecino.

De la misma forma varios de los libros proféticos contienen una sección de oráculos acerca o en contra de las naciones. Dios es el Dios de justicia y que desea la justicia en cada nación y comunidad es particularmente evidente en el libro de Nahum, el cual es la profecía contra Nínive, la capital y el símbolo de Asiria. La denuncia de Yahvé contra Asiria no solo fue por ser el enemigo implacable de Israel (por ejemplo, 1:9ss; 2:2ss), sino por su idolatría (1:14) y porque ella es una «ciudad sedienta de sangre, repleta de mentiras, insaciable en su rapiña, aferrada a la presa» (Nahum 3:1). Dos veces Yahvé dice las palabras terribles, «yo vengo contra ti» (2:13; 3:5), y el mensaje termina con una pregunta retórica: «¿quién no fue víctima de tu constante maldad?» (3:19).

En estos pasajes del Antiguo Testamento se ve claro que Dios odia la injusticia y la opresión de todo lugar, y que él ama y promueve la justicia en todas partes. Realmente, encontrar justicia en cualquier parte de nuestro mundo caído se debe al trabajo de su gracia. Todos los seres humanos saben esto. Tenemos un sentido innato de justicia. La exclamación de un niño: «¡Eso no es justo!», testifica con elocuencia ese sentido. La ley moral de Dios está escrita sobre el corazón humano y esto es una evidencia sólida de la enseñanza de Pablo (Romanos 2:14-15). Tanto la ley como el evangelio de Dios son para nuestro bien.

Aquí, entonces, es el Dios viviente de la Biblia. Su interés está en todo. No solo abarca lo «sagrado» sino también lo «secular», no solo la religión sino también lo natural, no solo la gente de su pacto sino también toda la gente, no solo la justificación sino también la justicia social en cada comunidad, no solo su evangelio sino también su ley. No debemos intentar achicar sus intereses. Incluso más, los nuestros deben ser tan amplios como los de él.

Una doctrina más completa del hombre

Todo nuestro trabajo filantrópico, es decir, el trabajo inspirado por amor al ser humano, depende de nuestra evaluación de ellos. Mientras más alto es el concepto acerca de ellos más les deseamos servir.

Los humanistas seculares, quienes sinceramente se describen a sí mismos como dedicados al «caso humano y la causa humana»,[2] algunas veces parecen más humanos que los cristianos. Pero cuando les preguntamos por qué están tan comprometidos con la causa humana, es probable que respondan con Julian Huxley que se debe a que el ser humano tiene el potencial de evolucionar en las épocas futuras. «Así que el desarrollo del vasto potencial del hombre provee el motivo principal para la acción social», escribió Huxley.[3] Es obvio que esto no es una base adecuada para la acción social. Si el progreso de la evolución sin impedimento fuera nuestro interés, ¿por qué nos preocuparíamos por el criminal endurecido, el psicópata, el enfermo crónico o el hambriento? ¿No sería mejor ponerlos a dormir como el perro que amamos, para que hagan menos daño al proceso evolutivo? La eutanasia obligatoria, no servir con compasión, sería la lógica deducción de la premisa del humanismo. El hecho de que ellos retroceden de este abismo indica que su corazón está en mejores condiciones que su cabeza, y su filantropía mejor que su filosofía.

Los cristianos tienen una base más sólida para servir a sus prójimos. No es por lo que puedan llegar a ser en el futuro desarrollo especulativo de la raza, sino por lo que ya son gracias a la divina creación. Los seres humanos son seres hechos a la imagen de Dios y poseen capacidades únicas que los distingue de los animales de la creación. Es cierto, el ser humano cayó y la imagen de Dios se afectó en el ser humano, pero no se destruyó a pesar de la apariencia (Génesis 9:6; Santiago 3:9). Esto es lo que cuenta en su valor único y lo que siempre ha inspirado la filantropía cristiana.

Estos seres humanos que tienen algo de divino no son solo almas (de quienes exclusivamente nos deba preocupar su salvación eterna), no son solo cuerpos (de quienes solo nos preocupen el alimento, la ropa, la vivienda, la salud), no son solo seres sociales (de quienes solo nos preocupen sus problemas comunitarios). Ellos son los tres. Según la perspectiva bíblica, el ser humano se debe definir como «un cuerpo con alma en la comunidad». Así es como Dios nos ha creado. Entonces, si realmente amamos a nuestros vecinos y por su valor decidimos servirles, debemos interesarnos en su bienestar total, el bienestar de su alma, de su cuerpo y de su comunidad. Nuestro interés nos lleva a programas prácticos de evangelismo, ayuda social y desarrollo. No debemos tan solo hablar, planear y orar como el pastor campesino a quien una mujer desamparada le pidió ayuda y él (sin duda alguna con sinceridad, aunque debido a sus ocupaciones se sintió incapaz de ayudarla) prometió orar por ella. Después ella escribió este poema y se lo entregó a un oficial regional del refugio.

> *Yo tenía hambre,*
> *   y tú formaste un grupo humanitario para discutir mi*
> *   hambre.*
> *Yo estaba en la cárcel,*
> *   y sin hacer ruido tú gateaste hasta la capilla y oraste por*
> *   mi libertad.*

Yo estaba desnuda,
   y en tu mente debatiste la moralidad de mi apariencia.
Yo estaba enferma,
   y tú te arrodillaste para darle gracia a Dios por tu salud.
Yo estaba sin vivienda,
   y tú me predicaste acerca del amparo espiritual
      del amor de Dios.
Yo estaba sola,
   y me dejaste sola para orar por mí.
Te ves tan santo, tan cerca de Dios
   pero todavía tengo hambre, estoy sola y tengo frío.

Son tantos los cristianos que desde los tiempos de Cristo están al lado del pobre y necesitado, del enfermo, el adicto y el encarcelado, no solamente sirviéndoles en sus necesidades inmediatas, pero también buscando justicia para ellos. ¿Por qué lo han hecho? Por la doctrina cristiana del ser humano, hombre y mujer, todos creados a la imagen de Dios, a pesar de que todos hemos caído. Porque la gente importa. Porque cada hombre, mujer y niño tiene un valor intrínseco e inalienable. Cuando vemos esto, debemos ofrecernos para liberar a la gente de todo lo que es deshumanizante y considerar como un privilegio el servir y hacer todo lo posible para volver más humana la vida humana.

Una doctrina más completa de Cristo

Hemos tenido muchas reinterpretaciones y reconstrucciones de Jesús. De hecho, es correcto que cada generación de cristianos busque entender y presentar a Jesús en términos apropiados de acuerdo a la época y a la cultura. Así que hemos tenido a un Jesús ascético, sufriente, monarca, caballero, payaso, superestrella, capitalista, socialista, revolucionario, guerrillero, remedio milagroso. Por supuesto, varios de estos estereotipos se contradicen y otros tienen poco o nada de justificación histórica. Ahora tenemos el *Código Da Vinci* que es una representación fantástica de un Jesús casado y con un hijo.

Necesitamos recuperar un cuadro auténtico de él a quien el pacto de Lausanne llama «el Cristo bíblico e histórico» (párrafo 4). Necesitamos verlo en su paradójica complejidad: su sufrimiento y su gloria, su servicio y su señorío, su encarnación humilde y su reinado cósmico. Quizás es la encarnación lo que nosotros los evangélicos tendemos a descuidar más, tanto en las implicaciones teológicas como en las prácticas.

El Hijo de Dios no se quedó en la inmunidad segura del cielo. Él se despojó de su gloria y se humilló para servir. Él se hizo pequeño, débil y vulnerable. Él entró en nuestro dolor, nuestra alineación y en nuestras tentaciones. Él no solo proclamó las buenas noticias del Reino de Dios, sino que también las demostró sanando a los enfermos, alimentando a los hambrientos, perdonando a los pecadores, siendo amigo de los marginados y dando vida a los muertos. Él dijo que no había venido para ser servido, sino para servir y dar su vida en rescate para liberar a los demás. Él permitió convertirse en víctima de la grosera injusticia de los tribunales y oraba por sus enemigos mientras lo crucificaban. Luego, en las terribles tinieblas del abandono de Dios, cargó nuestros pecados en su ser inocente.

Esta visión de Cristo, ¿no debería afectar nuestra comprensión de su comisión «Como el Padre me envió a mí, así yo los envío a ustedes» (Juan 20:21b)? Porque si la misión del cristiano debe seguir el modelo de la misión de Cristo, es seguro que esto nos involucrará en la vida de otras personas tal y como lo involucró a él. El evangelismo significa involucrarse en los pensamientos del otro, en el mundo de sus tragedias y sus pérdidas, para hablarles de Cristo donde ellos estén. La actividad social significa estar dispuestos a renunciar a la comodidad y a la seguridad de nuestra cultura para darnos en servicio a otros de otra cultura cuyas necesidades tal vez no conocimos o no experimentamos antes. La misión de la encarnación, ya sea evangélica, social o ambas, necesita una costosa identificación con la gente en su situación actual. Jesús de Nazaret tuvo compasión de las necesidades de los seres humanos, ya fuera enfermedad, desconsuelo, hambre, persecución, desamparo; ¿no deben estas mismas necesidades motivar la compasión de su pueblo?

Leonidas Proaño fue un Obispo de la Iglesia Católica de Riobamba, a ciento sesenta kilómetros al sur de Quito, Ecuador. Proaño, basando su pensamiento en la Biblia, se comprometió fuertemente con la justicia social en su país, sobretodo por los Indios cuya cultura él quería preservar contra esos que querían destruirla. Rehusó identificarse con el marxismo, de hecho, él no era marxista, él era un crítico, —realmente desafiante—, del sistema político y eclesiástico de su país. Se opuso al feudalismo y al poder opresivo de los ricos. Quizás no fuera una sorpresa que lo amenazaran con asesinarlo. En 1973, después del derrocamiento y muerte de Salvador Allende, el presidente de Chile, el Obispo Proaño predicó en una misa para los estudiantes marxistas en Quito. Presentó a Cristo como el radical que era, el crítico de lo establecido, el campeón de los oprimidos, el que amaba a los pobres, el que no solo predicaba el evangelio sino que también servía con compasión a los necesitados. Después de la misa hubo un tiempo para preguntas durante el cual algunos estudiantes dijeron: «de haber conocido a este Cristo nunca habríamos llegado a ser marxistas».

¿En cuál Jesús crees tú? ¿Y cuál Jesús predicas? ¿Es posible que en algunas partes de la iglesia a la gente joven le presenten a un Cristo falso («otro Jesús», 2 Corintios 11:4)? ¿Es posible que estemos alejándolos de él e impulsándolos a los brazos del marxismo?

Una doctrina más completa de salvación

Dentro de la iglesia hay una tendencia constante a trivializar la salvación, como si solamente significara la reforma del yo, el perdón de nuestros pecados, o el pasaporte individual para ir al paraíso, o una experiencia mística y privada sin consecuencias sociales ni morales. Es urgente rescatar la salvación de estas caricaturas y recuperar la doctrina en su plenitud bíblica. La salvación es una transformación radical en tres fases: comienza con nuestra conversión, continúa a través de nuestra vida en la tierra y nos lleva a la perfección cuando Cristo vuelva. En particular, debemos superar la tentación de separar verdades que van juntas.

Primero, no debemos separar la salvación del Reino de Dios. Estas dos expresiones en la Biblia son sinónimas, son modelos alternativos para describir el mismo trabajo de Dios. De acuerdo con Isaías 52:7, los que predican las buenas nuevas de paz también son los «que proclaman la salvación, los que dicen a Sión: "¡Tu Dios reina!"» Es ahí donde Dios reina y salva. La salvación es la bendición de su reino. Una vez más, cuando Jesús le dijo a sus discípulos «qué difícil es entrar en el reino de Dios» parece que fuera natural para ellos responder con la pregunta: «¿quién podrá salvarse?» (Marcos 10:24-26). Es evidente que ellos entendieron que entrar al reino era igual a la salvación.

Una vez que se haga esta identificación, la salvación toma un aspecto más amplio. El reino de Dios es un reino dinámico que entra con ímpetu en la historia humana a través de Jesús, confrontando, combatiendo, superando el mal, extendiendo el bienestar personal y de la comunidad, tomando posesión de su pueblo para una bendición total y una exigencia total. El propósito de la iglesia es ser una comunidad del reino, un modelo de cómo se ve una comunidad cuando Dios la gobierna y también es una alternativa desafiante a la comunidad secular. Entrar al reino de Dios es entrar a la nueva época, prometida hace mucho tiempo en el Antiguo Testamento, que es el comienzo de la nueva creación de Dios. Ahora miramos hacia delante a la consumación del reino donde nuestros cuerpos, nuestra sociedad y nuestro universo se renovarán, y se erradicará el pecado, la futilidad, la enfermedad y la muerte. La salvación es un concepto grande; no tenemos el derecho de minimizarla.

Segundo, no debemos separar a Jesús, el Salvador, de Jesús, el Señor. Es increíble que algunos evangelistas enseñan la posibilidad de aceptar a Jesús como Salvador, y más tarde someterse a él como Señor. Dios exaltó a Jesús en su diestra y lo hizo Señor. Desde esa posición de poder supremo y autoridad administrativa él puede proveer salvación y el don del Espíritu. Es precisamente por ser Señor que él puede salvar. Las expresiones «Jesús es el Señor» y «Jesús es el Salvador» son casi intercambiables. Y su señorío se extiende mucho más allá de la parte religiosa de nuestras vidas. Esto abarca toda nuestra experiencia, pública y privada, en la casa y en el trabajo, participación en la iglesia y deber civil, en la responsabilidad social y de evangelismo.

Tercero, no debemos separar la fe del amor. Los cristianos evangélicos siempre han enfatizado la fe. *Sola fide* [solamente por fe], fue uno de los grandes lemas de la Reforma y con razón. «Justificación» o aceptación de Dios, no es por las buenas obras que hayamos hecho o que podríamos hacer; es solo por medio del favor no merecido de Dios («gracia»), solo por la muerte expiatoria de Jesucristo, teniendo fe solo en él. La verdad central del evangelio no se debe comprometer con nada. Aunque la justificación es tan solo por fe, esta fe no permanece sola. Si es viva y auténtica, inevitablemente produce buenas obras, y si no lo hace, es espuria. El mismo Jesús lo explicó con la enseñanza de «las ovejas y de las cabras» describiendo el día del juicio. Él dijo que nuestra actitud hacia él se revelará y juzgará de acuerdo a nuestras buenas obras de amor para los hermanos y hermanas más pequeños. Todos los apóstoles insistieron en la necesidad de las buenas obras de amor. Santiago enseña: «Así también la fe por sí sola, si no tiene obras, está muerta [...] yo te mostraré la fe por mis obras» (2:17-18). Lo mismo dice Juan: «Si alguien que posee bienes materiales ve que su hermano está pasando necesidad, y no tiene compasión de él, ¿cómo se puede decir que el amor de Dios habita en él?» (1 Juan 3:17). Y Pablo también lo dice. Cristo murió para crear gente nueva «dedicada a hacer el bien» (Tito 2:14). Fuimos creados de nuevo en Cristo «para buenas obras, las cuales Dios dispuso de antemano a fin de que las pongamos en práctica» (Efesios 2:10). Otra vez, «lo que vale es la fe que actúa mediante el amor [...] sírvanse unos a otros con amor» (Gálatas 5:6b,13b). Esta es la hermosa secuencia: fe, amor, servicio. A través de la fe se ama, y a través del amor se sirve.

Es esencial para aquellos de nosotros que nos llamamos cristianos «evangélicos», tomar de corazón esta enseñanza del Nuevo Testamento. Necesitamos evitar exaltar la fe y el conocimiento a costa del amor. Pablo no lo hizo. «Si tengo el don de profecía y entiendo todos los misterios y poseo todo conocimiento, y si tengo una fe que logra trasladar montañas, pero me falta el amor, no soy nada» (1 Corintios 13:2). La fe salvadora y el amor servicial van juntos. Cuando uno está ausente el otro también lo está. Ninguno puede existir solo.

Una doctrina más completa de la iglesia

Mucha gente piensa en la iglesia como un club, como un club local de golf, con la excepción que el interés común de los miembros es Dios y no el golf. Son personas religiosas y juntos hacen cosas religiosas. Ellos pagan por la inscripción para ser miembros del club y tienen derecho a los privilegios por ser miembros. Con esa actitud se olvidan de lo que William Temple dijo: «la iglesia es la única sociedad cooperativa que existe para el beneficio de los que no son miembros».[4]

En lugar del modelo «club» de la iglesia necesitamos recuperar la verdad de la «doble identidad» de la iglesia. Por un lado la iglesia es un pueblo «santo» llamado del mundo para pertenecer a Dios. Pero por otro lado es un pueblo «mundano», en el sentido que ha renunciado a la actitud de haber salido del mundo para volver al mundo a testificar y a servir. Esto es lo que el Dr. Alec Vidler, siguiendo la guía de Dietrich Bonhoeffer, ha llamado la «mundanalidad santa» de la iglesia.[5] Pocas veces, en la historia larga y variada de la iglesia, se ha podido acordar o conservar su doble identidad. Algunas veces, con un énfasis correcto de «santidad», la iglesia se ha alejado erróneamente del mundo y se ha aislado. En otras ocasiones, con un énfasis correcto de «mundanalidad» (por ejemplo: sumergirse en la vida del mundo), la iglesia erróneamente ha asimilado las normas y valores del mundo, y se ha contaminado. Sin la preservación de las dos partes de la identidad, la iglesia no puede cumplir con su misión. La misión surge de la doctrina bíblica de la iglesia en la sociedad. Una eclesiología sin equilibrio hace una misión sin equilibrio.

Jesús enseñó estas verdades no solo con su famosa frase «en el mundo pero no del mundo» (ver Juan 17:11-19), sino también en su vívida metáfora de la sal y la luz. Él dijo: «Ustedes son la sal de la tierra» y «Ustedes son la luz del mundo» (Mateo 5:13-16). Él implicaba (como vamos a ver en el capítulo 3 con más detalle) que las dos comunidades, la nueva y la vieja, la iglesia y el mundo, son radicalmente diferentes la una de la otra como la luz de la oscuridad, como la sal de la podredumbre. Él también implicaba que, si se iba a hacer algo bueno, la sal necesita penetrar en la carne, y la luz debe brillar en la oscuridad. De esa misma manera los cristianos necesitan penetrar en una sociedad que le ha dado la espalda a Dios. Así que, la doble identidad y responsabilidad de la iglesia están claras.

De forma similar el apóstol Pedro describe a los miembros del nuevo pueblo de Dios, por un lado «como a extranjeros y peregrinos en este mundo» y por el otro lado como ciudadanos comprometidos con el mundo (1 Pedro 2:11-17). No podemos estar totalmente «enraizados en el mundo» (como si no hubiera nada malo en el mundo), tampoco «negando el mundo» totalmente (como si nada fuera bueno), necesitamos tomar un poco de ambos, y particularmente necesitamos «retar al mundo» reconociendo su potencialidad como el mundo de Dios y buscando conformarlo más y más a su señorío.

Esta visión de la influencia de la iglesia sobre la sociedad se describe mejor como una «reforma» que como una «redención». Como expresó A.N. Triton: «La redención no es una infección en las estructuras sociales [...] [la redención] da por resultado la restauración de individuos en una relación correcta con Dios. Pero esto crea ondas expansivas y horizontales en la sociedad, de las cuales todos nos beneficiamos. Estos beneficios dan como resultado una sociedad reformada de acuerdo a la ley de Dios, y no una sociedad redimida por la muerte de Cristo».[6]

La efectividad de la iglesia depende de una combinación de la «santidad» y la «mundanalidad». Más adelante volveremos a estas imágenes.

Una mente cristiana

Con una clara y completa comprensión de estos cinco fundamentos para involucrarse en la sociedad, estamos listos para desarrollar el próximo paso de una mente cristiana, según es nuestra meta. Solo este tipo de mente puede pensar con integridad cristiana acerca de los problemas del mundo contemporáneo. Sin embargo, esta propuesta de inmediato crea la oposición de estos cristianos que asimilaron el movimiento anti-intelectual del mundo de hoy. Ellos no quieren que les digan que tienen que usar sus mentes. Algunos hasta declaran que hacer eso «no es espiritual». Respondemos con lo que dijo Pablo en 1 de Corintios «no sean niños en su modo de pensar [...] pero adultos en su modo de pensar» (1 Corintios 14:20). El hecho es que el uso correcto de nuestras mentes es maravillosamente beneficioso. (1) Esto glorifica a Dios, porque él nos ha hecho seres racionales a su imagen y nos ha dado las Escrituras, una revelación racional, para que las estudiemos usando nuestra mente. (2) Esto nos enriquece, porque cada aspecto de nuestra disciplina cristiana (por ejemplo: nuestra adoración, fe y obediencia) depende de la madurez de nuestra reflexión, acerca de la gloria, fidelidad y voluntad de Dios respectivamente. (3) Esto hace que nuestro testimonio al mundo sea más poderoso, porque somos llamados como los apóstoles no solo para «predicar» sino también para «defender» y «argüir» y «persuadir» a la gente acerca de la verdad (por ejemplo: Hechos 17:2;19:8; 2 Corintios 5:11; Filipenses 1:7).

Al principio de Romanos 12, Pablo usa la expresión «renovar la mente». Él acababa de escribirle a los romanos que, en gratitud a Dios por su misericordia, debían presentar sus cuerpos como un «sacrificio vivo» y como una «adoración espiritual». Ahora él explica cómo el pueblo de Dios puede servirle en el mundo. Él nos da una alternativa. Una manera es «conformarnos» a este mundo, a sus normas (o a la carencia de estas), a sus valores (materialismo) y a sus metas (centrado en uno mismo, sin Dios). Estas son las características de la cultura occidental. Incluso más, no es fácil prevalecer contra la cultura predominante (como tampoco lo es contra el viento que prevalece). Es fácil seguir la línea donde hay menos resistencia y rendirse ante esta, como «una caña sacudida por el viento». El secularismo contemporáneo es fuerte y sutil; la presión para conformarse es grande.

Sin embargo, Pablo nos exhorta a no conformarnos a este mundo, y en lugar de esto «ser transformados» al renovar nuestra mente para discernir la voluntad de Dios agradable y perfecta. El apóstol considera que los cristianos tienen o deben tener la mente renovada, y la mente renovada tiene efectos radicales en nuestra vida, ya que nos capacita para discernir y aprobar la voluntad de Dios, y así transformar nuestro comportamiento. La secuencia es obligatoria. Si queremos vivir correctamente, tenemos que pensar correctamente. Si queremos pensar correctamente, debemos renovar nuestra mente. Cuando la mente está renovada, no nos deben preocupar las cosas del mundo sino la voluntad de Dios, la cual nos cambia.

La conversión de un cristiano implica total renovación total. La caída llevó a la total degradación, una doctrina que rechazaron, yo sospecho, solamente aquellos que no la entendieron. Esto nunca significó que cada ser humano es tan depravado como le sea posible, sino que por el contrario cada parte de nuestra humanidad, incluyendo nuestra mente, se ha afectado por nuestra caída en el pecado. Así que la redención involucra una renovación total (no quiere esto decir que ahora seamos tan buenos como podamos serlo, sino que cada parte de nuestro ser, incluyendo nuestra mente, ha sido renovada). El contraste es claro. Nuestra vieja manera de ver las cosas nos guió a conformarnos a la multitud; la nueva manera de ver las cosas nos inclina a una inconformidad moral, debido a nuestra preocupación por cumplir la voluntad de Dios. La mente pecaminosa siguió el camino del mundo; nuestra mente renovada está empapada con la voluntad de Dios revelada en su Palabra. Entre las dos está el arrepentimiento, *metanoia*, un cambio completo de la manera de ver las cosas.

Pablo no solo escribe «de una mente renovada» sino también de la «mente de Cristo». Él exhorta a los Filipenses: «La actitud de ustedes debe ser como la de Cristo Jesús» (2:5). Es decir, a medida que se estudian las enseñanzas y el ejemplo de Jesús y conscientemente ponemos nuestra mente bajo el yugo de su autoridad (Mateo 11:29), comenzamos a pensar como él pensaba. Su mente se forma gradualmente en nosotros por el Espíritu Santo, quien es el Espíritu de Cristo. Vemos las cosas a su manera, desde su perspectiva. Nuestra manera de ver las cosas está en armonía con él. Casi nos atrevemos a decir lo que los apóstoles decían: «tenemos la mente de Cristo» (1 Corintios 2:16).

«La mente renovada». «La mente de Cristo». «Una perspectiva cristiana». «La mente cristiana». Harry Blamires popularizó esta cuarta expresión titulando así su libro, que desde su publicación en 1963 ha tenido una amplia influencia. Al decir una «Mente cristiana» él no se refiere a una mente ocupada específicamente con tópicos «religiosos», sino una mente que podría pensar hasta en los tópicos más «seculares» «cristianamente», esto es, desde una perspectiva cristiana. No es la mente de un cristiano esquizoide que «salta adentro y afuera de su mentalidad cristiana según cambia el tópico de la conversación de la Biblia al periódico del día».[7] No, la mente cristiana, escribe él, es «una mente entrenada, informada, equipada para manejar datos de controversia secular dentro de un marco de referencia que está construido con presuposiciones cristianas».[8] Blamires lamenta la pérdida del pensamiento contemporáneo cristiano incluso dentro de los líderes de las iglesias: «La mente cristiana ha sucumbido al rumbo secular con un grado de debilidad y cobardía que nunca ha coincidido con la historia cristiana».[9] Aunque lamenta esta pérdida, Harry Blamires hace una indagación para recuperarla. Él quiere ser testigo del surgimiento de la clase de pensador cristiano que «reta los presentes prejuicios

[…] incomoda a los complacidos […] obstruye a los pragmatistas ocupados […] cuestiona los mismos fundamentos que lo rodean e […] irrita a todos».[10]

Luego el Sr. Blamires hace una lista de lo que él considera las seis «marcas» esenciales de la mente cristiana: (1) «su orientación sobrenatural» (mira más allá del tiempo a la eternidad, más allá de la tierra al cielo y el infierno, y mientras tanto habita un mundo que Dios creó, sostiene y por el cual se preocupa grandemente); (2) «su conciencia de la maldad» (por el pecado original están pervertidas hasta las cosas más nobles, convirtiéndolas en «instrumentos de vanidad hambrienta»); (3) «su concepción de la verdad» (la seguridad de la revelación divina que no se puede alterar); (4) «su aceptación de la autoridad» (lo que Dios ha revelado requiere de parte de nosotros «no una atadura de igual a igual, sino una sumisión»; (5) «su interés por la persona» (reconocer el valor de la personalidad humana en contraste a la servidumbre a la máquina); (6) «su temperamento sagrado» (por ejemplo, reconocer el amor sexual como «uno de los instrumentos más eficientes de Dios» para que el hombre abra su corazón a la realidad).

Los cuatro marcos de referencia

Encontré que el marco de referencia más útil es el que provee las Escrituras en su totalidad. La verdadera mente cristiana se satura con la plenitud de las Escrituras porque se ha arrepentido de «usar textos de prueba» (la noción de que podemos solucionar cada problema doctrinal o ético al nombrar un solo versículo o un texto aislado, cuando por el contrario, Dios nos ha dado una revelación completa). En particular, esta ha interiorizado el esquema cuádruple de la historia bíblica. La Biblia divide la historia humana en épocas que no marcan la subida y caída de imperios, dinastías o civilizaciones, sino cuatro sucesos mayores: la creación, caída, redención y consumación.

Creación

En primer lugar, la creación. Es absolutamente fundamental para la fe cristiana (y, por lo tanto, para la mente cristiana) que en el comienzo, cuando comenzó el tiempo, Dios hizo el universo de la nada. Él hizo este planeta, la tierra seca, los mares y todas sus criaturas. Al final, como el punto culminante de su actividad creadora, él hizo al ser humano, macho y hembra, a su propia imagen. La semejanza de Dios en la humanidad se revela a medida que se narra la historia: Los hombres y las mujeres son seres racionales y morales (capaces de entender y de responder a los mandamientos de Dios), seres responsables (ejerciendo dominio sobre la naturaleza), seres sociales (con la capacidad de amar y ser amados) y seres espirituales (que encuentran su más alta realización en conocer y adorar a su Creador). De hecho, el Creador y sus criaturas humanas se describen como caminando y hablando juntos en el jardín. Todo esto se debió a la semejanza a Dios que le infundió dignidad y valor único a Adán y a Eva.

Caída

Próximo, la caída. Adán y Eva escucharon las mentiras de Satanás, en lugar de la verdad de Dios. Como consecuencia de su desobediencia los sacaron del jardín. A la humanidad no le ha ocurrido una mayor tragedia que esta, aunque Dios los hizo como Dios y para Dios, ahora viven sin Dios. Toda nuestra humana alineación, desorientación y sentimiento de falta de sentido es el resultado de esto. Además, la relación entre nosotros se ha afectado. Se trastornó la igualdad sexual: «tu marido [...] te dominará» (Génesis 3:16). El dolor dañó el inicio de la maternidad. El odio celoso que Caín sentía por su hermano causó que lo asesinara. Hasta la naturaleza se afecto. Se maldijo la tierra por causa del hombre, cultivar la tierra se convirtió en un problema y el trabajo creativo se convirtió en un trabajo pesado. Durante muchos siglos los hombres y las mujeres han fallado en su empeño de ejercer una mayordomía responsable sobre el medio ambiente que se les encargó, han cortado las selvas, creado los desiertos y los lugares áridos, han contaminado ríos y mares y han ensuciado la atmósfera con venenos. «El pecado original» quiere decir que la naturaleza humana que heredamos ahora se ha convertido en una desastrosa naturaleza egoísta. La maldad está sembrada y la realidad es penetrante. Aunque la imagen de Dios en nosotros no está destruida, se distorsionó seriamente. Ya no amamos a Dios con todo nuestro ser, sino que somos hostiles hacia él y estamos bajo su justa condenación.

Redención

En tercer lugar, la redención. En lugar de abandonar o destruir sus criaturas rebeldes, como lo merecían, Dios planeó redimirlos. Poco después de haber pecado, Dios les prometió que la simiente de la mujer aplastaría la cabeza de la serpiente (Génesis 3:15), la cual reconocemos como la primera predicción de la venida del Salvador. El propósito redentor de Dios comenzó a tener forma clara cuando él llamó a Abraham e hizo un pacto solemne con él, prometiendo bendecirlo y a través de su posteridad a todas las familias de la tierra: otra promesa que sabemos que se ha cumplido en Cristo y en su comunidad en todo el mundo. Dios renovó su pacto, esta vez con Israel, en el

Monte Sinaí, y continuó prometiendo a través de los profetas que había más, mucho más, por venir en los días del reino mesiánico. Después de cumplirse el tiempo, vino el Mesías. Con él vino la aurora de la nueva época, entró el reino de Dios y comenzó el fin. Ahora, a través de la muerte, la resurrección y el regalo del Espíritu que nos dio Jesús, Dios está cumpliendo su promesa de redención y está renovando la dañada humanidad, salvando a los individuos e incorporándolos en su nueva comunidad reconciliada.

Consumación

En cuarto lugar vendrá la consumación. Un día, cuando las buenas noticias del reino de Dios se hayan proclamado en todo el mundo (Mateo 24:14), Jesús aparecerá con gran magnificencia. Él resucitará a los muertos, juzgará al mundo, regenerará el universo y traerá el reino de Dios a su perfección. Se acabará todo dolor, decaimiento, pecado, tristeza y muerte y se glorificará a Dios para siempre. Mientras tanto, estamos viviendo entre tiempos, el reino que vino y el reino que vendrá, entre el «ahora» y el «entonces» de la redención, entre el «ya» y el «todavía no».

Aquí, entonces, hay cuatro eventos que corresponden a cuatro realidades: específicamente la creación («lo bueno»), la caída («lo malo»), la redención («lo nuevo») y la consumación («lo perfecto»). Esta cuádruple realidad bíblica permite que los cristianos exploren el paisaje histórico desde sus mismos horizontes. Esto provee la verdadera perspectiva desde la cual debemos ver los procesos que se están llevando a cabo entre las dos eternidades, la visión de Dios cumpliendo su propósito. Esto nos da el marco de referencia donde todo encaja, donde podemos integrar lo que entendemos, donde podemos pensar correctamente, incluso encajar los problemas más complejos.

Los cuatro eventos o épocas en las que hemos estado pensando, especialmente cuando se interrelacionan entre ellas, enseñan grandes verdades acerca de Dios, la humanidad y la sociedad; y estas verdades dan dirección a nuestro pensamiento cristiano.

Tres aplicaciones

La realidad de Dios

Primero, veamos la realidad de Dios. El cuádruple esquema bíblico está centrado en Dios; su punto de vista se revela en las cuatro etapas. Hasta la caída, aunque es un acto de desobediencia humana, se presenta en el contexto de los mandamientos, sanciones y juicios divinos. Dios es quien crea, juzga, redime y perfecciona. La iniciativa es suya desde el comienzo hasta el final. Como consecuencia, hay un grupo de actitudes populares que son fundamentalmente incompatibles con la fe cristiana: por ejemplo, el concepto del desarrollo de la evolución ciega; la aseveración de la autonomía humana en el arte, la ciencia y la educación y la declaración que la historia es al azar, la vida es absurda y a todo le falta sentido. La mente cristiana choca directamente con estos conceptos ya que son «seculares», es decir, no dejan campo para Dios. Esto insiste en que la mente cristiana solo se puede definir en relación con Dios, y que sin Dios, deja de ser verdaderamente humano. Nosotros somos criaturas que dependemos de nuestro Creador, pecadores responsables ante él y bajo su juicio, abandonados, extraviados y perdidos fuera de su redención.

Estar centrado en Dios es básico para la mente cristiana. La mente cristiana es una mente sometida a Dios. Más que eso, entiende el concepto «bueno» sobre todo en términos de estar sometido a Dios. Una persona que no esté sometida a Dios no se puede describir como «buena». Este es el testimonio claro de la Sabiduría en la literatura bíblica sapiencial. Los cinco libros sapienciales (Job, Salmos, Proverbios, Eclesiastés y Cantar de los Cantares) están todos enfocados, en diferentes formas y con diferentes énfasis, en lo que significa ser una persona, y en cómo el sufrimiento, el mal, la opresión y el amor encajan en nuestra humanidad. El libro de Eclesiastés se conoce por su refrán pesimista: «¡Vanidad de vanidades! Todo es vanidad» (RVR 60), bien traducido por la NVI «Lo más absurdo de lo absurdo». Esto demuestra la necedad y la futilidad de la vida humana circunscrita por el tiempo y el espacio. Si la vida se restringe al promedio de tiempo que puede vivir una persona, cubierta con dolor e injusticia, y culmina para cada uno con el mismo destino, la muerte; si está restringida por la dimensión del espacio de las experiencias humanas «bajo el sol», sin referencia más allá del sol, entonces realmente la vida es tan infructuosa como «perseguir el viento». Solo Dios, el Creador, el Juez, el Principio y el Fin, al añadir a la vida humana la dimensión que se había perdido de trascendencia y eternidad, puede darle significado, y así convertir la necedad en sabiduría.

En contra del pesimismo de Eclesiastés leemos el tan repetido refrán sapiencial: «El temor a Dios, que es sabiduría [o su «comienzo» o «principio»], y el desechar la maldad es entendimiento» (Job 28:28 cf. Salmos 111:10; Proverbios 1:7; 9:10; Eclesiastés 12:13). Aquí hay dos realidades principales de la experiencia humana, Dios y el mal. No son realidades iguales, porque los cristianos no son dualistas, pero estas dominan la vida en la tierra. El uno (Dios) da a la humanidad realización, incluso éxtasis; el otro (el mal) trae la alienación humana, incluso el desespero. La sabiduría consiste en adoptar una actitud correcta hacia ambos: amar a Dios y odiar el mal, «temer» a Dios con la adoración que reconoce su dignidad infinita, y «evitar» el mal en la santidad que lo desprecia por toda su indignidad. Es debido a que Dios nos hizo seres espirituales y morales que religión y ética, piedad y bondad, son fundamentales para una humanidad auténtica. Por eso la tragedia del «secularismo», la cosmovisión cerrada que niega a Dios y hasta se gloría del vacío espiritual que crea. T.S. Eliot tuvo razón al llamarlo «tierra desértica», y Theodore Roszak en *Where the Wasteland Ends* [Dónde termina la tierra desértica] para caracterizarlo como el desierto del espíritu. «Por eso los científicos pueden medir solo una porción de lo que el hombre puede conocer. Nuestro conocimiento aspira abrazar lo sagrado». Sin la trascendencia «la persona se encoge».[11] El secularismo no solo destrona a Dios, sino que también destruye al ser humano.

Si, debido a la realidad de Dios, la mente cristiana es una mente semejante a la de Dios, es también una mente humilde. Este es otro tema continuo en las Escrituras. Cuando Nabucodonosor se contoneaba como un pavo real en la azotea de su palacio en Babilonia reclamando la gloria y el poder del reino para sí mismo en lugar de darle la gloria a Dios, se enloqueció. Solo cuando reconoció que Dios reina y lo adoró, le fue restaurada simultáneamente su mente y su reino. Daniel señaló la moraleja: «[Dios] es capaz de humillar a los soberbios» (Daniel 4:28-37). Esta es una historia aleccionadora. Si el orgullo y la locura van juntos, también la humildad y la cordura.

Los contemporáneos de Jesús se quedaron mudos cuando él les dijo a los adultos que para entrar al reino de Dios ellos tenían que ser como niños y (aún peor) que el más grande en el reino se mediría de acuerdo a la humildad de un niño. Estamos demasiados familiarizados con estas enseñanzas, han perdido el poder para sacudirnos o pasmarnos. Jesús no solo enseñó esto, también lo demostró. Él se despojó de sí mismo y se humilló. Pablo añade: «La actitud de ustedes debe ser como la de Cristo

Jesús». Los moralistas medievales estaban en lo correcto al ver el orgullo como el peor de los «siete pecados mortales» y como la raíz de los otros. No hay nada tan obsceno como el orgullo y nada tan atractivo como la humildad.

Es probable que no haya ningún punto donde la mente cristiana choque con la mente secular con más violencia que en esta insistencia sobre la humildad y su hostilidad implacable hacia el orgullo. La sabiduría del mundo menosprecia la humildad. La cultura occidental ha absorbido más de lo que sabe de la filosofía del poder de Nietzsche. El modelo del mundo, como el de Nietzsche, es el del «súper hombre»; el modelo de Jesús sigue siendo el de un niño.

La realidad de Dios (como Creador, Señor, Redentor, Padre, Juez) le da a la mente cristiana su primera y más fundamental característica. Los cristianos rehúsan honrar algo que deshonre a Dios. Aprendemos a evaluar cada cosa en términos de la gloria que se le da a Dios, o se retiene de él. Por eso, para la mente cristiana, la sabiduría es el temor a Dios y la virtud preeminente es la humildad.

El enigma humano

Ahora vuelvo de Dios al hombre, del esplendor intachable que caracteriza lo divino a la ambigüedad dolorosa que se asocia con todo lo «humano». Hemos visto que la comprensión bíblica de la humanidad toma en cuenta la creación tanto como la caída. Esto constituye «la paradoja de nuestra humanidad». Nosotros, los seres humanos, tenemos una dignidad única como criaturas hechas a la imagen de Dios, y una depravación única como pecadores bajo su juicio. La primera nos da esperanza, la última coloca límites a nuestras expectativas. Nuestra crítica cristiana de la mente secular es que tiende a ser muy ingenuamente optimista o demasiado negativamente pesimista en su estimado de la condición humana, donde la mente cristiana, enraizada firmemente en la realidad bíblica, celebra la gloria y deplora la vergüenza del ser humano. Podemos comportarnos como Dios a cuya imagen fuimos creados y de igual manera podemos descender al nivel de las bestias. Podemos pensar, escoger, crear, amar y adorar, pero también podemos rehusar pensar, escoger el mal, destruir, odiar y adorarnos a nosotros mismos. Construimos iglesias y lanzamos bombas. Desarrollamos programas de cuidados intensivos para las personas con enfermedades críticas y usamos la misma tecnología para torturar enemigos políticos que no están de acuerdo con nosotros. Esta es la «humanidad», una paradoja extraña y confusa, el polvo de la tierra y el aliento de Dios, vergüenza y gloria. Así que, la mente cristiana se aplica a la vida humana en la tierra, a nuestros asuntos personales, sociales y políticos, procura recordar que somos criaturas paradójicas, noble e innoble, racionales e irracionales, amorosos y egoístas, semejante a Dios y semejante a las bestias.

La posibilidad de un cambio social

La tercera esfera en la cual es útil aplicar el esquema cuádruple de la Biblia es la posibilidad de un cambio social. ¿En qué nos gustaría que la sociedad mejorara? Los cristianos de distintas tradiciones tienen opiniones muy diferentes acerca de la respuesta a esta pregunta.

Los cristianos «liberales» tienen la tendencia de ser activistas sociales. Confían en los logros humanos y por consecuencia sueñan construir utopías en la tierra (muchas veces identificadas incorrectamente como del «reino de Dios»).

Los cristianos «evangélicos», por otra parte, han tenido la tendencia, por lo menos al comienzo del siglo veinte, de ser socialmente pasivos. Debido a la visión pesimista que tienen de la depravación de la humanidad, les falta confianza en el ser humano (por lo menos hasta que nacen de nuevo). Por lo tanto, ellos consideran que la acción social es una pérdida de tiempo y consideran la transformación social casi imposible.

Deliberadamente yo expresé ambas posiciones en sus formas más extremas. Dicho así, la polarización es incapaz de mantener juntas las dos partes de la paradoja humana.

Debido a que los seres humanos están hechos a la imagen de Dios, y la imagen divina (aunque distorsionada) no se ha perdido por completo, ellos retienen alguna percepción de la sociedad justa y compasiva que pueda agradarle a él, y algunos desean realizarlo. En general, la humanidad prefiere la paz en vez de la guerra, la justicia en vez de la opresión, la armonía en vez de la discordia, el orden en vez del caos. Así que es posible un cambio social, y en verdad ha ocurrido. En muchas partes del mundo se ha visto mejoría en los niveles de higiene y cuidado de la salud, mayor respeto por las mujeres y los niños, aumento de la oportunidad de estudiar, más claro reconocimiento de los derechos humanos, un aumento del interés en conservar el medio ambiente y mejores condiciones en las minas, fábricas y prisiones. Mucho de esto se debe (directa o indirectamente) a la influencia cristiana, aunque no todos los reformadores sociales han sido cristianos comprometidos. Donde quiera que la gente de Dios ha sido efectiva como la sal y la luz en la comunidad, ha habido menos decaimiento social y más progreso social. En los Estados Unidos, por ejemplo, después del avivamiento a principios del siglo diecinueve que se asocia con Charles G. Finney, «los cristianos nacidos de nuevo fueron los primeros en cada reforma social importante de los Estados Unidos [...] Encabezaron el movimiento para abolir la esclavitud, el movimiento en contra de emborracharse, el movimiento de la paz y el primitivo movimiento feminista».[12]

Sin embargo, debido a que los seres humanos están caídos y heredaron algo de egoísmo, nunca vamos a construir una sociedad perfecta. Mejorías [...] sí; justicia perfecta [...] no. Los sueños utópicos no se basan en la realidad, pertenecen al mundo de la fantasía. Todos los planes humanos, aunque comienzan con grandes esperanzas, en cierto grado desilusionan al planeador porque el egoísmo humano los daña. Los cristianos recuerdan esto con frecuencia. Los socialistas son demasiado optimistas en cuanto a los logros del ser humano. El Profesor C.E.M. Joad es un buen ejemplo. Se crió en una iglesia de Inglaterra, en 1662, que usaba el Libro de Oraciones Comunes de la Iglesia. Él comenzó por creer en el pecado inherente del ser humano. Pero más tarde descartó esa noción en favor del concepto «infinita perfección», hasta que la Segunda Guerra Mundial cerró está ilusión y se convenció de nuevo de que «el mal es inherente en el hombre». En su libro *Recovery of Belief* [Recuperar la fe], él escribió con candidez: «Debido a que rechazamos la doctrina del pecado original es que nosotros los de la izquierda siempre estuvimos desilusionados; desilusionados porque la gente rechazaba ser razonable, por la sumisión del intelecto ante las emociones, y debido a que el verdadero socialismo nunca llegaba [...] y, sobretodo, por el hecho de la continua recurrencia de la guerra».[13]

Entonces, ¿cómo podemos resumir una actitud ante la posibilidad de un cambio social que refleje «no el optimismo de los humanistas, ni el oscuro pesimismo de los cínicos, sino el realismo radical de la Biblia»?[14] ¿Cómo podemos ser justos con las verdades de la creación, la caída, la redención y la consumación? Yo considero que Pablo expresó bien el balance bíblico en 1 Tesalonicenses 1:9-10, donde describe el resultado de la conversión de los ídolos a Dios «para servir al Dios vivo y verdadero, y esperar del cielo a Jesús». La combinación de «servir» y «esperar» es llamativa, ya que la primera implica ocuparnos para Cristo en la tierra, mientras que la última implica mirar en una forma pasiva esperando a que él venga del cielo. Necesitamos servir, pero hay límites para lo que podemos lograr. Necesitamos esperar, pero no tenemos la libertad de estar ociosos. Así que «trabajar» y «esperar» van juntos. La necesidad de esperar que Jesús venga del cielo nos rescatará de la tendencia a pensar que podemos hacer cualquier cosa; la necesidad de trabajar para Cristo en la tierra nos rescatará del pesimismo de pensar que no podemos hacer nada. Solo la mente cristiana que ha desarrollado la perspectiva bíblica nos puede ayudar a mantener el balance.

Yo comencé este capítulo admitiendo la complejidad de los problemas de la ética personal y social que enfrentamos hoy en día. Soluciones claras y tajantes son usualmente imposibles. Soluciones simplistas, que obvian los problemas reales, no son de ayuda. Al mismo tiempo, no es de cristianos darse por vencidos cuando están desesperados.

Para animarnos, debemos recordar que Dios nos dio cuatro dones.

Los cuatro dones

Nuestras mentes

El primer regalo es una mente para pensar. Él nos hizo racionales, criaturas inteligentes. Todavía nos prohíbe comportarnos como caballos o mulas sin entendimiento, y nos dice en nuestro pensamiento que no seamos bebés, sino adultos (Salmo 32:9; 1 Corintios 14:20).

La Biblia

En segundo lugar, él nos ha dado la Biblia y su testimonio de Cristo, para dirigir y controlar nuestro pensamiento. A medida que absorbemos sus enseñanzas, nuestros pensamientos son cada vez más semejantes a los de él. Esto no se debe a que memoricemos muchos textos de pruebas, que sacamos en momentos apropiados, con cada texto rotulado para contestar su pregunta correspondiente. Más bien es que hemos tomado los temas y principios de las Escrituras y el cuádruple marco de referencia que hemos considerado en este capítulo.

El Espíritu Santo

El tercer regalo de Dios es el Espíritu Santo, el Espíritu de verdad, que nos abre las Escrituras e ilumina nuestras mentes para que podamos entenderlas y aplicarlas.

La comunidad cristiana

En cuarto lugar, Dios nos ha dado la comunidad cristiana como el contexto en el que realizamos nuestros pensamientos. Esta heterogeneidad nos ayuda a protegernos de una visión imperfecta. La iglesia tiene miembros de ambos sexos y de todas las edades, temperamentos, experiencias y culturas. Cada iglesia local debe reflejar esta diversidad colorida. Con una rica contribución a la interpretación de las Escrituras provenientes de diferentes orígenes, será difícil mantener los prejuicios personales.

Con estos cuatro regalos, usados en conjunto: una mente, un libro, un Maestro y una escuela, debe ser posible que desarrollemos una mente cristiana y que aprendamos a pensar correctamente.

En el resto de este libro estos temas están presentes en cada capítulo, explícita o implícitamente. Si el tema es el proceso político, el cual ya mencioné, o los problemas relacionados con la sexualidad, la guerra o el medio ambiente, la mente cristiana se distingue por la manera de abordarlos, con una actitud humilde y un carácter devoto.

Notas

1. Creo que fue Dr. Carl Henry quien creó esta frase. Ver su autobiografía, *Confessiones of a Theologian* [Confesiones de un teólogo], Word, Waco, 1986, p. 257.
2. Blackham, H.J., *Humanism* [El humanismo], Penguin, Harmondsworth, 1986. Él escribe: «El humanismo es el caso humano y la causa humana, una convicción antigua acerca del caso humano [...] que inducirá a hombres y a mujeres [...] a abrazar la causa humana con la cabeza, con el corazón y con ambas manos», (p. 9).
3. Huxley, Sir Julian (ed.), *The Humanist Frame* [El marco humanista], George Allen & Unwin, Londres, 1961, p. 47.
4. Citado por Smyth, Charles, en *Cyril Forster Garbett*, Hodder & Stoughton, Londres, 1959, p. 106.
5. Vidler, A.R., *Essays in Liberality* [Ensayos sobre el liberalismo], SCM, Londres, 1957, pp. 95-112. Dr. Vidler la diferencia de «mundanalidad impía», que es «conformarse sin pensar y con tranquilidad a las pautas y a la moda que prevalezcan», (p. 96).
6. Triton, A.N., *Whose World?* [¿De quién es el mundo?], InterVarsity, Leicester, 1970, pp. 35-36.
7. Blamires, Harry, *The Christian Mind* [La mente cristiana], SPCK, Londres, 1963, p. 70.
8. Ibid., p. 43.
9. Ibid., p. 3.
10. Ibid., p. 50.
11. Rozak, Theodore, *Where the Wasteland Ends: Politics and Transcendence in Post-Industrial Society* [Donde termina el desierto: La política y la trascendencia en la sociedad pos-industrial], 1972, Anchor, New York, 1973, pp. xxi, 67.
12. Sine, Tom, *The Mustard Seen Conspiracy* [La conspiración de la semilla de mostaza], Word, Waco, 1981, p. 70.

13. Joad, C.E.M., *The Recovery of Belief* [Recuperar la fe], Faber & Faber, Londres, 1952, p. 82.
14. Whale, J.S., *Christian Doctrine* [La doctrina cristiana], 1941, Fontana, Londres, 1957, p. 41.

Nuestro mundo plural: ¿Influye el testimonio cristiano?

Aceptamos que debemos involucrarnos y luchamos para pensar cristianamente en los problemas. En consecuencia, desarrollamos unas convicciones fuertes, pero otros no están de acuerdo. De hecho, los cristianos occidentales se ven cada vez más alejados de la sociedad poscristiana. Entonces, ¿cómo esperamos influir en nuestro país para que regrese a los valores cristianos, en sus leyes, instituciones y cultura? ¿Deben los cristianos tratar de imponer sus puntos de vista en una nación que le ha dado la espalda a Dios?

Comprensión del pluralismo

En Europa, en Norteamérica y en los países democráticos que heredaron la «civilización cristiana» del occidente, tenemos que hablar del nuevo «pluralismo», entendiendo por esto una sociedad compuesta de diferentes grupos, algunos de ellos grupos étnicos y religiosos, que no están de acuerdo con la cosmovisión cristiana. El pluralismo se debe a tres grandes factores.

El proceso de secularización

El primero es el proceso de secularización, visto como la influencia decreciente de la iglesia en la gente y en las instituciones. Aunque en el 2001 se censó la población de Inglaterra y el 72% de la población se describió como cristiana, esto representa una decadencia de un 76% en comparación con el 1980. Un indicador del patrón de decadencia es el porcentaje de la población total que es miembro de una iglesia en Inglaterra. En 1990, de nueve personas en la población una era miembro de una iglesia, para el 2020 de catorce personas solo una será miembro.[1] Entre el período de 1990-2040, si en Inglaterra la tendencia presente es adecuada, la asistencia los domingos disminuirá a más de la mitad. No importa lo que pase con los edificios en los que la adoración se lleva a cabo ni la cantidad de ministros presentes de cualquier clase, la cantidad de personas asistiendo a las iglesias será bastante reducida. También es importante anotar que este declive se ha presentado desde la Segunda Guerra Mundial.

Mientras que la cantidad de miembros ha seguido declinando en los años recientes, las estadísticas no son tan deprimentes como parecen a primera vista. Muchas iglesias evangélicas y carismáticas están experimentando períodos de crecimiento y hay un nuevo interés en sembrar iglesias como en explorar nuevas formas de ser una iglesia, lo que en parte ha estimulado la crisis presente. Cuando se consideran las tendencias para el 2040, puede ser que en varias organizaciones las iglesias grandes habrán crecido. Esto es cierto para los Anglicanos, Los Hermanos Libres, Comunión de Iglesias Evangélicas Independientes y las nuevas Iglesias Carismáticas. El término «más grande» es relativo en cada caso, según la denominación, pero las iglesias muy grandes están creciendo, aunque lo más probable es que sea la asistencia a la iglesia en lugar de la cantidad de personas que se hacen miembros de la iglesia. Sin embargo, en general, los miembros de la iglesia están disminuyendo, es posible que esto signifique que están disminuyendo los miembros en las iglesias pequeñas pero que en las iglesias grandes los miembros están aumentando.[2] En particular, está aumentando el porcentaje de los evangélicos en los países desarrollados y en los que están en vías de desarrollo. Esto está ocurriendo en Inglaterra entre las iglesias institucionales e independientes.

Es importante recordar que cuando se analiza el estado de la iglesia desde una perspectiva global, vemos que en muchos países la iglesia está creciendo en forma rápida. Muchas personas se están uniendo a la iglesia en una gran parte de los países en vía de desarrollo. Se está extendiendo hasta en países como China, donde se persigue a la iglesia.

Un aumento de alternativas religiosas

Al mismo tiempo que el cristianismo disminuye se aumentan las alternativas religiosas. La segunda causa del pluralismo es la política liberal de inmigración de los años inmediatos a las guerras mundiales. Como resultado, la mayoría de los países del Occidente tienen una población étnica con grupos de África, Asia, el Medio Oriente y el Caribe. Esto nos permite tener una rica experiencia de la diversidad de culturas. Pero a la vez lleva a la competencia religiosa y por consecuencia estos grupos exigen que se reconozcan otras religiones en los sistemas educativos, leyes e instituciones de esos países occidentales.

En Inglaterra, hace poco que esto originó una preocupación acerca de la influencia de los grupos religiosos en la cultura. Se ha incrementado una tensión entre Islam y los del oeste, esta tensión algunas veces se ha proyectado contra la adoración pa-

cífica de los musulmanes en nuestra sociedad. Es importante
respetar los derechos de los musulmanes y de los miembros de
otras religiones para adorar con libertad, y a la vez es importante tener el derecho de hablar y estar en desacuerdo el uno
con el otro en la forma de vivir y de organizar nuestra sociedad.
En Canadá, más específicamente, en la provincia de Ontario,
se pueden llevar a cabo algunas formas de arbitraje según los
principios de la comunidad de fe a la cual los litigantes pertenecen en lugar de llevarlo a cabo según las reglas del gobierno.
En otras palabras, es posible realizar un divorcio, por ejemplo,
según la ley judía o musulmana en lugar de hacerlo según la
ley secular. Este ha sido el caso durante algún tiempo, y hay
ahora un debate de si debe continuar así. La oposición a esto
aparece en esos grupos que creen que cuando se lleva a cabo
un divorcio bajo la ley musulmana, el estado social de la mujer
está socavado. Aunque tenemos que respetar el punto de vista
de los que pertenecen a otras religiones, necesitamos tener
cuidado de estar conscientes de su influencia en la sociedad en
que vivimos mientras que también los invitamos a debatir con
nosotros la forma en que vivimos y las opiniones que tenemos.
No debemos tratar de imponer nuestro punto de vista sobre
otros grupos religiosos aunque estemos conscientes de no estar
de acuerdo con ellos. Sin embargo, no debemos sucumbir a
la tendencia de estereotipar o tramar teorías de conspiración,
culpando a los grupos religiosos por lo que percibimos como
una decadencia espiritual de la nación cuando la causa está en
otro lugar.

En otras partes del mundo, aunque los cristianos representen
la minoría, la cultura predominante es hindú o budista, judía o
islam, marxista o secular. Así que aquí también los cristianos
están enfrentando el mismo dilema en una forma más aguda.
En muchos asuntos ellos creen conocer la voluntad de Dios.

También creen que su deber como cristiano es orar y trabajar para que se haga la voluntad de Dios. ¿Deben ellos imponer sus convicciones cristianas en esas personas que no son cristianas? Si fuera posible, ¿es lo ideal? Aunque lo pudieran hacer, ¿deben intentarlo?

El desarrollo de una imaginación posmoderna

Nuestro mundo, particularmente el Occidente, ha dado una vuelta y en muchos aspectos cambió de ser un mundo moderno a ser un mundo posmoderno. Las viejas certezas y convicciones que la humanidad tenía para responder a los problemas de la vida han dado un paso a una nueva sensación de incertidumbre y aun de ansiedad al reconocer que muchas de nuestras acciones producen consecuencias que no se deseaban y que han sido desastrosas, en especial en el aspecto del medio ambiente. Nosotros vivimos en una sociedad postradicional donde las instituciones como el matrimonio se ha convertido en una alternativa entre muchas. El pluralismo no es tan solo una expresión del número de grupos étnicos y religiosos en una sociedad. Esto también involucra la fragmentación de toda clase de creencias debido al rechazo de valores comunes y la desconfianza en la autoridad de cualquier tipo, en especial la autoridad política y religiosa. Las así llamadas «meta narrativas», los relatos comprensivos que pretenden explicar la vida en su totalidad, entre ellas el cristianismo, ahora se ha fragmentado y la verdad se ve como personal en lugar de ser pública, subjetiva en lugar de ser objetiva. La idea de que cada persona tiene un punto de vista diferente de la verdad, pero que nadie tiene el derecho de desafiar a otra persona sobre la veracidad de su creencia, es el corazón del punto de vista posmoderno.

En una sociedad tal el cristianismo no puede retroceder en su demanda esencial de que Dios ha revelado la verdad a través de Cristo y que es esa verdad lo que Francis Schaeffer llamó: «la verdadera verdad». La revelación de Dios en Cristo es el corazón del evangelio. No se puede negociar. Al mismo tiempo tenemos que entender que la sociedad posmoderna provee retos creativos para el testimonio cristiano, lo cual es muy positivo. No podemos regresar a los métodos de evangelización de la década de 1950; necesitamos volver a pensar en la forma en que manejamos misiones en el siglo veintiuno. ¿Cómo podemos testificar mejor acerca de Jesús en una sociedad pluralista que ve la verdad como algo relativo? Esta pregunta es el corazón de docenas de nuevos experimentos creativos para alcanzar la gente que no confía en la iglesia y es indiferente a este mensaje. Este no es el tiempo de sucumbir ante la desesperación debido al reto de la decadencia de la iglesia, ni de volverse defensivo en una sociedad multicultural. Esta es la hora de recuperar lo que el teólogo Lesslie Newbigin llamó: «Una confianza apropiada» en el evangelio (no lo imponga en otros ni se sienta avergonzado por mantener sus verdades) y estar firmes en medio de una comunidad que se ha construido sobre la arena.

Entonces, el pluralismo se debe principalmente a tres factores: el decaimiento de la iglesia como institución, el aumento de las alternativas religiosas y la fragmentación de la naturaleza de la fe. ¿Qué vamos a hacer acerca de esto?

Tres respuestas al pluralismo

Las dos respuestas comunes a esta pregunta representan los extremos opuestos. Uno es «la imposición», el intento de hacer campañas para coaccionar a las personas mediante las leyes para que acepten el camino cristiano. El otro es *laissez-faire* [no interferencia] la decisión derrotista de dejar a las personas solas y no interferir con ellas ni tratar de influenciarlas en ninguna forma. Necesitamos mirar estas alternativas con cuidado, con algunos ejemplos de la historia, antes de estar listos para la tercera y mejor opción.

Imposición

Aquí están los cristianos con un loable celo por Dios. Creen en la revelación y se preocupan profundamente por la verdad revelada y la voluntad de Dios. Anhelan ver reflejado esto en la sociedad. Así que el deseo de lograr esto mediante la fuerza es una tentación comprensible. En la Inquisición, que comenzó en el 1252 y duró 300 años, vemos un ejemplo de esto. Durante ese tiempo la Iglesia Católica Romana buscó a quienes ellos consideraban herejes, y usando torturas y otros medios coercitivos trató de obtener la confesión de fe y si no lo hacían, los llevaban a juicio y los ejecutaban, con frecuencia en una hoguera. Hoy día, por supuesto, nos avergonzamos de esos métodos y los consideramos incompatibles con la fe cristiana. Ya hablé acerca de la incompatibilidad de cualquier régimen autoritario con el cristianismo, y este es otro ejemplo de eso.

Entonces, la política de imposición es imposible para los que tienen la doctrina bíblica del ser humano. Dios hizo al hombre y a la mujer para que fueran personas responsables. Les dijo que se fructificaran (usar la capacidad de procrear), sojuzgaran la tierra y gobernaran sobre la creación, trabajaran y descansaran, obedecerle a él («tú puedes [...] tú no puedes [...] »). Estas órdenes no tendrían significado si Dios no le hubiera dado al ser humano estos dos regalos que son únicos: La conciencia (para diferenciar entre alternativas) y libertad (para escoger entre ellas). El resto de la Biblia confirma esto. Se supone que los seres humanos son seres morales, que son responsables por sus acciones. Ellos conocen las leyes morales, ya que están «escritas en sus corazones» (Romanos 2:14-15), se exhortan a la obediencia y se les advierte las penalidades por la desobediencia. Pero nunca se les fuerza. No se actúa compulsivamente, solo se persuade al razonar: «Vengan, pongamos las cosas en claro —dice el Señor» (Isaías 1:18).

No se puede obligar a la gente a creer lo que no creen o practicar lo que no quieren. De la misma manera, no es nada realista imaginar que hoy podemos imponer convicciones y normas cristianas sobre Europa (por ejemplo). Es un anhelo necio y nostálgico desear un cristianismo que desapareció hace mucho tiempo.

No interferencia [Laissez-faire]

Considero que lo opuesto a la imposición es *laissez-faire*. Este término se usó por primera vez en el siglo dieciocho en medio de los economistas para el libre comercio, y en el siglo diecinueve este concepto fue importante en debates económicos y políticos. Esta creencia, basada en principios, consideraba que el gobierno no debía interferir.

En nuestra sociedad posmoderna hay una confusión entre el concepto de tolerancia y el de no interferir hasta el extremo que si uno está en desacuerdo con una persona se considera ser intolerante con ellos. Es cierto que todas las cosmovisiones se ven como iguales, y ninguna perspectiva tiene el derecho de verse más autoritaria que otra. Como ya mencioné antes, si los cristianos creemos que Dios reveló la verdad en Jesucristo, entonces tomar esta posición no es una opción. Lo que pasa es que la verdadera tolerancia respeta los puntos de vista de otros mientras está en desacuerdo con ellos, esta se ha convertido en una tolerancia falsa y vacía, que no se preocupa por el debate y es igual a la indiferencia. Es importante aclarar que en muchas ocasiones aquellos que dicen tolerar todas las perspectivas son extremadamente intolerantes con la perspectiva cristiana, así se revelan.

Los cristianos deben ser tolerantes a los puntos de vista de otros y mostrar respeto hacia los demás. Deben ser socialmente tolerantes en el sentido que deben querer ver que se aceptan los puntos de vista políticos y religiosos de las minorías en la comunidad y que la ley los protege, así como la minoría de cristianos en países donde no es legal confesar con libertad el ser cristiano, practicarlo y propagar el evangelio. Pero, ¿cómo podemos ser cristianos intelectualmente tolerantes ante las opiniones que sabemos que son falsas o ante acciones que sabemos que son malvadas? ¿Qué clase de indulgencia moral es esta? Dios no es indiferente a los asuntos de justicia social, entonces, ¿cómo puede serlo la iglesia? Permanecer en silencio e inactivo cuando se difunde el error o la maldad, tiene serias consecuencias porque la opción cristiana se ha descartado. El hecho que nuestro país se haya separado de sus principios cristianos y se haya alejado de ellos, ¿acaso no se debe, por lo menos parcialmente, a que los cristianos han fallado en levantar su voz por Jesucristo?

El ejemplo moderno más grave del *laissez-faire* cristiano fue el error de las iglesias alemanas por no hablar en contra del trato de los nazis hacia los judíos, bien documentado por Richard Gutteridge en su libro *Open Thy Mouth for the Dumb* [Abre tu boca por el mudo].[3] Después de la Primera Guerra Mundial hubo varios intentos de darle un fundamento teológico a la perspectiva arriana asociada con el Movimiento Nacional Socialista, citando la necesidad de permanecer puros y separados de la mezcla de cristianismo y judaísmo. Solo unas pocas voces de valientes (como las de Karl Barth y Paul Tillich) se levantaron en protesta. Mientras tanto, el «Movimiento de fe cristiana alemana», bajo el patrocinio del partido nazi, afirmó la raza arriana.

Después que Hitler llegó al poder en 1933, se instituyó una ley para quitar del gobierno a los empleados que no eran de la raza arriana y, aunque parece increíble, los «cristianos alemanes» comprometidos con el racismo quisieron aplicar esta pauta a la iglesia. Algunos sínodos adoptaron esta posición contra la oposición de personas como Martín Niemöller, Walter Künneth, Hans Lilje y Dietrich Bonhoeffer. «La iglesia evangélica nunca habló oficialmente en contra de la legislación arriana en general». Bonhoeffer estaba profundamente disgustado por el silencio de la iglesia y con frecuencia citó Proverbios 31:8 [RVR 60] «Abre tu boca por el mudo».[4]

Durante el aterrador sublevación contra los judíos en noviembre de 1938, diez millones de judíos sufrieron terriblemente en las manos de Hitler y sus seguidores. El público general estaba atónito y algunos líderes de la iglesia protestaron. Pero tanto la Iglesia Evangélica como la Iglesia Católica permanecieron casi completamente en silencio. No fue hasta el 1943, después de dos años de la «Solución Final» de Hitler, que en un congreso de la Iglesia Luterana los líderes decidieron atacar el gobierno nazi por sus atrocidades en contra de los judíos. Barth llamó a esta falta de denunciar el antisemitismo «el pecado contra el Espíritu Santo» y un «rechazo a la gracia de Dios».[5] Algunos otros dirigentes de las iglesias fueron igual de atrevidos, y pagaron caro por su valentía. Pero cuando los líderes de la iglesia evangélica se reunieron tan pronto como la guerra terminó y formularon la «Declaración de Stuttgart», tuvieron que reconocer: «Nos sentimos culpables por no haber hablado con valentía».[6] Claro que los líderes de la iglesia tenían que asumir una parte de la culpa, pero tampoco había una expresión de indignación justa de parte del pueblo cristiano. De haber ocurrido una protesta amplia y general contra sus políticas los dirigentes de los nazis habrían prestado atención.

La historia de Richard Gutteridge habla por sí misma. No necesito hacer comentarios adicionales. La complicidad de los «cristianos alemanes», que fallaron en desarrollar una crítica bíblica del racismo descarado de los nazis debe ser suficiente para convencernos de rechazar el *laissez-faire* para siempre. ¿Podían ellos haber prevenido el Holocausto?

Persuasión

Mejor que los extremos de la imposición y el *laissez-faire* es la estrategia de persuasión por argumento. Esta es la forma en que la mente cristiana está a favor, ya que surge en forma natural de las doctrinas bíblicas de Dios y de los seres humanos.

La naturaleza de Dios

El Dios viviente de la revelación bíblica, quien creó y sostiene el universo, quería que los seres humanos que él había creado vivieran en una comunidad amorosa. Él ama toda la gente sin importar su condición y desea que sea salva. Nosotros fuimos hechos para amar a otros. Nosotros fuimos hechos para respetar a los hombres y a las mujeres que fueron creados a la imagen de Dios, para buscar la justicia, odiar la injusticia, cuidar al necesitado, guardar la dignidad del trabajo, reconocer la necesidad de descansar, mantener la santidad del matrimonio, ser celosos por el honor de Jesús y desear que toda rodilla se doble ante él y toda lengua le confiese. ¿Por qué? Porque todo esto le interesa a Dios. ¿Cómo podemos comprometernos en cosas que le provoca un desagrado apasionado, o hacer que no nos importen las cosas con las cuales él tiene un compromiso profundo? La política de dejar hacer es inconcebible para los cristianos que creen en la doctrina bíblica de Dios.

Respeto por la conciencia

Lo básico en esto es que la conciencia humana se debe tratar con gran respeto. Pablo expresa su determinación personal «conservar siempre limpia mi conciencia delante de Dios y de los hombres» (Hechos 24:16). Él también tiene mucho que decir acerca de la conciencia de otros. Puede que sea «fuerte» (bien educada y libre) o «débil» (muy escrupulosa y llena de remordimiento), pero cualquiera que sea la condición de la conciencia de la persona, incluso aunque esté equivocada, se debe respetar. Una conciencia débil se debe fortalecer y una conciencia engañosa se debe aclarar, pero no debe haber una imposición de mi conciencia sobre la de otra persona. Solo en circunstancias extremas se puede presionar a la gente para que actúe en contra de su conciencia. En general, las conciencias se deben educar, no violar. Este principio, que surge de la doctrina cristiana del ser humano, debe afectar nuestro comportamiento social y el comportamiento de las instituciones. Esta es la razón por la cual se oponen los cristianos a la autocracia y están a favor de la democracia. La autocracia oprime las conciencias; la democracia (al menos en teoría) las respeta, ya que los gobiernos democráticos reciben «su poder precisamente del consentimiento de los gobernados» (como lo declara la Declaración de Independencia de los Estados Unidos).[7] Sin embargo, una vez que las leyes se promulgan, todos los ciudadanos (tanto en la democracia como en la autocracia) están obligados a obedecerlas. No pueden hacer lo que les plazca. No obstante, en asuntos de suprema importancia (por ejemplo, servicio militar obligatorio en tiempo de guerra) un gobierno civilizado permitirá «objeción de conciencia». Esta provisión es también producto del pensamiento cristiano.

Así que ambos, la doctrina bíblica de Dios y la de los seres humanos, guían nuestro comportamiento en una sociedad pluralista, la de Dios elimina el dejar hacer y la de los seres humanos elimina la imposición. Debido a que Dios es quien es, no podemos estar indiferentes cuando se burlan de su verdad y de sus leyes, pero debido a que los seres humanos son lo que son, no podemos tratar de imponerlas a la fuerza.

Entonces, ¿qué debe hacer el cristiano? Debemos intentar el educar la conciencia pública para que conozcan y deseen la voluntad de Dios. La iglesia debe tratar de ser la conciencia de la nación. Si no podemos imponer la voluntad de Dios por una ley, tampoco podemos convencer a la gente tan solo con citas bíblicas. Estas dos formas son ejemplos de «autoridad de arriba», que hace que la gente lo tome a mal y se resista. Más efectiva es la «autoridad de abajo», la verdad intrínseca y el valor que es obvio y por eso no hay necesidad de debatirlos. (No es que las dos sean incompatibles; la autoridad de Dios es esencial en ambas). Este principio se aplica por igual en el evangelismo y en la acción social.

En el evangelismo no debemos tratar de forzar a la gente a creer el evangelio, ni tampoco permanecer en silencio como si estuviésemos indiferentes a su respuesta, ni depender exclusivamente de la proclamación dogmática de versículos bíblicos (aunque la exposición bíblica con autoridad es vital), por el contrario, como los apóstoles, debemos razonar con la gente utilizando tanto la naturaleza como las Escrituras, recomendándoles el evangelio de Dios con argumentos racionales.

En la acción social tampoco debemos tratar de imponer a la fuerza los principios cristianos en un público que no quiere ni permanecer en silencio ni inactivos ante la crisis contemporánea, ni depender tan solo de la afirmación dogmática de los valores bíblicos, sino que de otra manera debemos razonar con la gente acerca de los beneficios de la moralidad cristiana recomendándoles la ley de Dios con argumentos racionales. Creemos que las leyes de Dios son buenas en sí mismas y universales en su aplicación porque lejos de ser arbitrarias se adaptan a los seres humanos que Dios creó. Esto es lo que desde el comienzo dice Dios acerca de sus leyes. Él las dio, él dijo, «para que te vaya bien» (Deuteronomio 10:13), y animó a la gente a obedecerle «para que a ellos y a sus hijos siempre les vaya bien» (Deuteronomio 5:29). Había una relación esencial entre «lo bueno y lo recto a los ojos del Señor tu Dios» y lo que era para que «te vaya bien» (Deuteronomio 12:28). Lo «bueno» y el «bien» coinciden. Además, creemos que cada persona tiene la inclinación hacia esto, pero debido a que no es capaz o que no tiene la disposición para reconocerlo, tenemos que dar argumentos que demuestran que las leyes de Dios son para el bienestar tanto de los individuos como de la sociedad.

Por esta razón necesitamos una doctrina apologética en el evangelismo (defendiendo la verdad del evangelio) y una apologética íntegra en cuanto a la acción social (defendiendo lo bueno de la ley moral). Hoy necesitamos con urgencia las dos clases de apologistas en la iglesia y en el mundo.

Este libro provee una serie de ejemplos de persuasión por argumento. Espero que sin considerar el tema que te encuentres exponiendo, o cualquiera que sea la campaña que estés organizando, encuentres que los siguientes capítulos te proveen una mezcla de comprensión bíblica y análisis social, ya que los cristianos necesitamos estar informados para entrar con confianza en los debates que se presentan hoy en día.

Fragmentación y alineación

Cuando vemos el pluralismo como una expresión de diferencia, reconocemos que necesitamos una verdadera tolerancia, respeto y compromiso para la persuasión. Pero una sociedad que está perdiendo sus valores compartidos también experimenta pluralismo como una fragmentación y por fin una alineación. Es completamente cierto que hoy en Inglaterra, como en otros países, ciertos grupos se sienten alienados, especialmente los minoritarios. Por ejemplo, esto es tan cierto para un joven musulmán en el centro urbano de Inglaterra como para muchos jóvenes que se sienten marginados. A menudo esto es cierto para los que han estado desempleados durante un largo tiempo, o para muchas personas incapacitadas que sienten que los ven como consumidores de los bienes de la comunidad en lugar de contribuidores al bienestar de la comunidad. Aunque muchas personas posiblemente no usarían la palabra «alienación», es posible que ellos sientan que no se pueden relacionar más con la sociedad y que no tienen el poder para cambiar su situación.

A pesar de la defensa teológica que intenté de la teoría demócrata, y mi solicitud a los cristianos de aprovechar el proceso democrático y unirse en el debate público, tengo que admitir que la democracia no siempre cura la alineación porque muchos están desilusionados con las realidades de la democracia. Hay un abismo entre la teoría y la práctica que está descrito en el corazón del libro de John R. Lucas *Democracy and Participation* del cual hablé antes. La gente usa su derecho demócrata para votar, y es verdad que «el voto constituye una forma mínima de participación».[8] Sin embargo, la «democracia se puede convertir en autocracia, cuando los autócratas toman las decisiones y la única decisión que la gente puede tomar de vez en cuando es la elección de los autócratas». Entonces él le da otro nombre a la democracia «una autocracia electoral», porque esto «permite a la gente participar en el gobierno solo en una magnitud ridícula». Esto también «hace que el gobierno sea insólitamente insensible a los deseos de los gobernados y los requisitos de justicia».[9] De nuevo, «aunque la autocracia electoral tiene aspectos democráticos, es profundamente antidemocrática en cuanto a la forma y el espíritu en que se toman las decisiones [...] no es con la participación del pueblo».[10] Sin duda alguna, el desencanto acerca del funcionamiento actual de la democracia está ampliamente difundido. Los cristianos deben participar con otros para ampliar el contexto de los debates públicos hasta que las discusiones parlamentarias «se oigan en cada reunión social y laboral en todo el país». El Dr. Lucas termina su libro con un encantador comentario que dice «la democracia florece solo en la tierra de las tabernas».[11]

Para mí es triste que muchos cristianos se hayan contaminado con una actitud de alineación. Ellos están de acuerdo en que «seguramente la búsqueda de la justicia social es nuestro interés y no podemos escapar a este hecho. Pero los obstáculos son inmensos. No solo son complejos los problemas (afirmamos no ser expertos), pero la sociedad es pluralista (no reclamamos un monopolio de poder o privilegios) y dominan las fuerzas de reacción (no tenemos influencia). El hecho de que la fe cristiana esté menguando en la comunidad nos deja con pocas esperanzas. Además, el ser humano es egoísta y la sociedad se está corrompiendo. Esperar un cambio social es completamente irrealista».

El testimonio de la historia

La historia es el primer antídoto para esta mezcla de alineación secular y el pesimismo cristiano. En el primer capítulo mostré cómo la influencia cristiana puede cambiar una sociedad que era brutal y malvada a una donde tanto el evangelismo como la justicia social han hecho un gran impacto. La influencia social del cristianismo ha sido mundial. K.S. Latourette lo resume en la conclusión de su séptimo volumen de *History of the Expansion of Christianity* [Historia de la expansión del cristianismo]. En términos positivos él se refiere al efecto de la vida de Cristo a través de sus seguidores.

> Ninguna vida en este planeta ha ejercido tanta influencia en los asuntos de los seres humanos [...] De esa breve vida y su aparente frustración ha fluido la fuerza más poderosa que de cualquier otra vida, para pelear con éxito la larga batalla humana [...] A través de esta vida, se han sacado a centenares de millones del analfabetismo y la ignorancia, y se han puesto en la vía del libre crecimiento intelectual y del control de su medio ambiente físico. Ha hecho más que cualquier otro impulso que conozca el hombre para mejorar los males físicos de enfermedades y hambre. Ha emancipado a millones de esclavos y a millones de otros de la esclavitud de los vicios. Ha protegido de la explotación a decenas de millones de personas. Este ha sido el movimiento con más frutos para disminuir el horror de la guerra y poner las relaciones de los hombres y las naciones sobre la base de la justicia y la paz.[12]

El testimonio de la Biblia

Así que el pesimismo cristiano no tiene fundamento histórico. También es inepto teológicamente. Hemos visto que la mente cristiana une los eventos de la creación, la caída, la redención y la consumación. Los cristianos pesimistas se concentran en la caída («los seres humanos son incorregibles») y en la consumación («Cristo vendrá para arreglar todas las cosas»), e imaginan que estas verdades justifican la desesperación social. Pero no toman en cuenta la creación ni la redención. La imagen divina en los seres humanos no se ha destruido. Aunque pecan, todavía pueden hacer cosas buenas, como lo afirmó Jesús (Mateo 7:11). Nuestros ojos pueden confirmarlo. Muchas personas que no son cristianas tienen matrimonios buenos, son padres buenos, profesionales con normas altas y activos en asuntos del mundo en que vivimos. Esto es en parte porque la verdad de las leyes de Dios está escrita en los corazones de todos los seres humanos, y en parte porque los valores del reino de Dios, cuando toman forma en la comunidad cristiana, con frecuencia se reconocen y hasta cierta forma la gente de afuera los imitan. En esta forma el evangelio ha llevado fruto en la sociedad occidental por muchas generaciones.

Además, Jesucristo redime la gente para hacerla nueva. ¿Estamos diciendo que la gente regenerada y renovada no puede hacer nada para cohibir o reformar la sociedad? Esa opinión es monstruosa. Este es el argumento del libro de Charles Colson, *Kingdoms in Conflict* [Reinos en conflicto]. Los valores radicales del reino de Dios, que inauguró Jesús, enfrentan, retan y cambian los reinos de los hombres, especialmente a través de lo que en el siglo dieciocho Edmund Burke llamó «pequeño pelotón». Charles Colson tiene en mente pequeñas asociaciones de voluntarios que aman a Dios y a sus vecinos, demuestran la trascendencia en medio del secularismo, rehúsan aceptar el mal, se oponen a la injusticia, y riegan misericordia y reconciliación en el mundo.[13]

La combinación de los testimonios de la historia y de las Escrituras es que los cristianos han influido enormemente en la sociedad. Nosotros no estamos sin poder. Las cosas pueden ser diferentes. Nikolai Berdyaev resume la situación de una forma admirable con estas palabras: «La pecaminosidad de la naturaleza humana no implica que las reformas y las mejoras sociales sean imposibles. Esto solo significa que no puede haber un orden social perfecto y absoluto [...] antes de la transfiguración del mundo».[14]

La naturaleza de la influencia cristiana

De la historia y de las Escrituras me dirijo a la expectativa que Jesús tenía de sus seguidores. En el Sermón del Monte él lo expresó en una forma vívida al usar las metáforas de la sal y la luz:

> Ustedes son la sal de la tierra. Pero si la sal se vuelve insípida, ¿cómo recobrará su sabor? Ya no sirve para nada, sino para que la gente la deseche y la pisotee.
>
> Ustedes son la luz del mundo. Una ciudad en lo alto de una colina no puede esconderse. Ni se enciende una lámpara para cubrirla con un cajón. Por el contrario, se pone en la repisa para que alumbre a todos los que están en la casa. Hagan brillar su luz delante de todos, para que ellos puedan ver las buenas obras de ustedes y alaben al Padre que está en el cielo.
>
> MATEO 5:13-16

Todos estamos familiarizados con la sal y la luz. Se encuentra en cada casa del mundo. El mismo Jesús, de niño en la casa en Nazaret, con frecuencia debe haber visto a María, su mamá, usar la sal en la cocina como preservativo y encender las lámparas al anochecer. Él conocía su utilidad práctica.

Estas son las imágenes que Jesús usó más tarde para ilustrar la influencia que él esperaba que sus discípulos ejercieran en la sociedad humana. En esa época el núcleo inicial de su nueva sociedad eran pocos en cantidad, sin embargo, ellos debían ser la sal y la luz para todo el mundo. ¿Qué quería decir él con esto? Hay dos verdades que no se pueden perder.

Los cristianos deben ser diferentes

Primero, los cristianos deben ser completamente diferentes a los que no los son. Ambas imágenes separan las dos comunidades. El mundo está en tinieblas, dijo Jesús, pero ustedes deben ser la luz. El mundo está corrompiéndose, pero ustedes son la sal e impiden que esto suceda. Para usar unos dichos comunes en español podríamos decir que son tan diferentes «como la noche del día» o «como el aceite del agua». Este es un tema importante en toda la Biblia. Dios está llamando a un pueblo a salir del mundo, y el llamado es para ser «santos» o «diferentes». «Sed santos», él les dice a ellos una y otra vez, «porque Yo soy santo».

Entonces los cristianos debemos retener nuestra distinción. Si la sal no sala, no es buena para nada. Si la luz no ilumina, no es efectiva. Los que proclamamos ser seguidores de Cristo necesitamos llenar dos requisitos para hacer algo bueno por él. Por un lado, necesitamos sumergirnos en el mundo. Por otro lado, cuando hacemos eso, debemos evitar que el mundo nos asimile. Necesitamos retener nuestras convicciones cristianas, valores, principios y estilo de vida. Estamos volviendo al tema de la «doble identidad» de la iglesia («santos» y «mundanos») del que hablé en el capítulo 2.

Si se preguntara qué es la «sal» y la «luz» de la santidad del cristiano, el resto del Sermón del Monte da la respuesta. Jesús nos dice que no debemos ser como los otros a nuestro alrededor: «No sean como ellos» (Mateo 6:8). En cambio, él nos llamó a ser justos (de corazón), amarnos mucho (incluso a los enemigos), adorarle en verdad (como niños que vienen a su Padre), tener ambiciones nobles (buscar primero el reino de Dios y su justicia).[15] Es solo si lo escogemos y seguimos sus caminos que nuestra sal salará y nuestra luz brillará, que seremos testigos y siervos efectivos, y que ejerceremos una sana influencia en la sociedad.

Los cristianos deben influir

Segundo, los cristianos deben penetrar en la sociedad. Aunque los cristianos son (o deben ser) moral y espiritualmente distintos a los no cristianos, no deben segregarse socialmente. Por el contrario, su luz es para brillar en la oscuridad, y su sal es para penetrar en la carne que está dañándose.

Los cristianos pueden influenciar la sociedad aunque esta rechaza fuertemente la fe cristiana. En la época en que no había refrigeradores, la sal era el mejor preservativo conocido. El pescado y la carne se salaban directamente o se sumergían en agua salada. De esta manera se limitaba la corrupción aunque no se eliminaba por completo. La efectividad de la luz es todavía más obvia: cuando se prende la luz, desaparece la oscuridad. De igual forma, como dijo Jesús, los cristianos pueden impedir la decadencia social y disipar la oscuridad de la maldad. William Temple escribió: «los que llevan en ellos mismos algo de la mente de Cristo endulzan la vida y toda relación humana».[16]

Esto sugiere la pregunta: ¿Por qué los cristianos no tienen una influencia más amplia para el bien en el mundo no cristiano? Yo espero que mis amigos norteamericanos me perdonen si tomo a los Estados Unidos como ejemplo. Las estadísticas publicadas acerca del cristianismo estadounidenses son asombrosas. De acuerdo a una encuesta en el 2002, 85% de los norteamericanos se consideran «cristianos», un 41% se considera «nacido de nuevo o evangélico».[17] En el 2005, 45% de los estadounidenses adultos asisten a la iglesia los fines de semana, sin incluir programas especiales como matrimonios o funerales.[18]

¿Por qué, entonces, este gran ejército de soldados cristianos no ha tenido más éxito en pelear contra las fuerzas del mal? Tom Sine es un norteamericano futurista que explica: «Hemos sido muy efectivos en diluir las enseñanzas extremistas y en truncar el evangelio radical [de Cristo]. Esto explica por qué nosotros […] hemos hecho tan pequeña diferencia en la moralidad de nuestra sociedad».[19] Más importante que solo la cantidad de personas que profesan ser discípulos es tanto la cualidad del discipulado (mantener los principios cristianos sin transigir con el mundo) como el puesto estratégico que el discípulo ocupa (para ejercer una influencia cristiana).

Nuestro hábito cristiano es lamentar altiva y pesimistamente el decaimiento de los principios en el mundo. Nosotros criticamos la violencia, la deshonestidad, la inmoralidad, el desprecio por la vida humana y la avaricia materialista. «El mundo se está echando a perder» decimos encogiendo los hombros. ¿Pero de quién es la culpa? ¿A quién culpamos? Déjeme poner esto así. Si la casa está oscura cuando cae la noche, no hay sentido en culpar a la casa; esto es lo que ocurre cuando cae el sol. La pregunta es, «¿Dónde está la luz?» De la misma manera, si la carne se daña y no se puede comer, no tiene sentido culpar la carne; eso es lo que sucede cuando la bacteria se multiplica sin interrupción. La pregunta es, «¿dónde está la sal?» Igualmente, si la sociedad se deteriora y las normas se declinan, hasta que se vuelve como una noche oscura o un pescado podrido, no tiene sentido culpar la sociedad; eso es lo que sucede cuando se dejan a los pecadores (hombre y mujer) a la deriva, y no se tiene control del egoísmo humano. La pregunta es, «¿dónde está la iglesia? ¿Por qué la sal y la luz de Jesucristo no está penetrando y cambiando a la sociedad?» Es hipocresía de nuestra parte levantar las cejas, encoger los hombros o retorcer las manos. El Señor Jesús nos dijo que seamos la sal y la luz en el mundo. Si la oscuridad y la podredumbre abundan, es en gran manera nuestra culpa y debemos aceptarla.

Este propósito y esta expectativa de Cristo deben ser suficientes para superar el sentimiento de nuestra alineación. Es posible que nos excluyan algunos en el trabajo o en nuestra comunidad. Es posible que la sociedad secular nos empuje a la circunferencia de sus intereses. Pero, al rehusar ser marginados, debemos tratar de ocupar un lugar de influencia para Cristo. La ambición es el deseo de tener éxito. No hay nada de malo en esto si está genuinamente subordinada a la voluntad y gloria de Dios. Es cierto, el poder puede corromper. También es cierto que el poder de Cristo se manifiesta mejor en nuestra debilidad. Y en realidad continuamente debemos sentirnos como personas inadecuadas. Sin embargo, debemos decidir infiltrar, por la gracia de Dios, algún segmento de la sociedad secular y levantar su bandera, manteniéndola sin comprometer sus normas de amor, verdad y bondad.

¿Cómo podemos ejercer alguna influencia por Cristo? ¿Qué significa en la práctica ser la sal y la luz? ¿Qué podemos hacer para un cambio social? Trataré de desarrollar seis formas en tres grupos de dos.

Oración y evangelismo

En primer lugar está el poder de la oración. Te ruego que no veas esto como si fuera un refrán religioso o una concesión del cristianismo convencional. En verdad no lo es. No podemos leer la Biblia sin dejar que nos impresione el énfasis constante de la eficacia de la oración.

El poder de la oración

«La oración del justo es poderosa y eficaz» escribió Santiago (5:16). «Además les digo» dijo Jesús, «que si dos de ustedes en la tierra se ponen de acuerdo sobre cualquier cosa que pidan, les será concedida por mi Padre que está en el cielo» (Mateo 18:19). Nosotros no afirmamos que entendemos racionalmente la intercesión, pero de alguna forma esto nos ayuda a entrar en el campo de conflicto espiritual y a identificarnos con el buen propósito de Dios, para que su poder se manifieste y se refrenen las huestes de maldad.

La oración es una parte indispensable de la vida cristiana individual. También es indispensable en la vida de la iglesia local. Pablo le dio prioridad a esto.

«Así que recomiendo, ante todo, que se hagan plegarias, oraciones, súplicas y acciones de gracias por todos, especialmente por los gobernantes y por todas las autoridades, para que tengamos paz y tranquilidad, y llevemos una vida piadosa y digna. Esto es bueno y agradable a Dios nuestro Salvador, pues él quiere que todos sean salvos y lleguen a conocer la verdad» (1 Timoteo 2:1-4).

Esta es una oración por los líderes nacionales, para que ellos cumplan con su responsabilidad de mantener la paz y el orden, en la cual la iglesia es libre de obedecer a Dios y de predicar el evangelio.

En teoría, estamos convencidos del deber de orar. Sin embargo, algunos activistas sociales cristianos rara vez se detienen para orar. Y algunas iglesias no lo toman en serio. Si en la comunidad (realmente en el mundo) hay más violencia que paz, más opresión que justicia, más secularismo que piedad, ¿acaso no es porque los cristianos y las iglesias no están orando como deberían?

También nos gozamos con el crecimiento del movimiento

para-eclesial quienes tienen como meta estimular la oración en el pueblo de Dios (por ejemplo, en Inglaterra: *Lydia Fellowship* [Compañerismo Lidia], *Crosswinds* [Vientos contrarios] e *Intercessors for Britain* [Intercesores para Britania], y en los Estados Unidos: *Intercessors for America* [Intercesores para América] y *AD 2000 Movement* [Movimiento 2000 d.C.]).[20]

El poder del evangelio

En segundo lugar: ahora cambio mi enfoque del poder de la oración al poder del evangelio y de la evangelización. Este libro es acerca de la responsabilidad cristiana social, no acerca del evangelismo. Sin embargo, los dos van juntos. Aunque diferentes cristianos han recibido diferentes dones y llamados, y aunque en algunas situaciones es correcto concentrarse en el evangelismo o en la acción social sin combinarlas, no obstante, en general y en teoría, no se pueden separar. Nuestro amor para nuestros vecinos dará por resultado un interés integral por todas sus necesidades: las necesidades de sus cuerpos, de sus almas y de su comunidad. Es por eso que el ministerio de Jesús tenía unido las palabras y los hechos. El informe de Grand Rapids dice que el evangelismo y la actividad social son «como las dos piezas de unas tijeras o como las dos alas de un pájaro».[21]

Sin embargo, hay dos formas particulares en las cuales el evangelismo se debe ver como un preludio necesario para la acción social y como el fundamento de la misma.

El evangelio cambia a las personas

Primero, el evangelio cambia a las personas. Cada cristiano debe ser capaz de hacerse eco con convicción de las palabras de Pablo: «no me avergüenzo del evangelio, pues es poder de Dios para la salvación de todos los que creen» (Romanos 1:16). Sabemos esto por nuestras propias vidas, pero también lo hemos visto en la vida de otros. Si en esencia el pecado es egoísmo, entonces la transformación del «egoísmo» al «desinterés» es un ingrediente esencial de la salvación. La fe nos lleva a amar, y amar nos lleva a servir. Entonces la actividad social, que es el servicio amoroso al necesitado, debe ser el resultado inevitable de una fe salvadora, aunque debemos confesar que eso no ocurre siempre.

Hay otras situaciones en las que el cambio social positivo ocurre sin la intervención cristiana. Por lo tanto, no debemos unir evangelismo y cambio social tan indisolublemente como para decir que sin el primero no ocurre el segundo y que sin el segundo no ocurre el primero. Sin embargo, estas son excepciones que comprueban la regla. Todavía insistimos en que el evangelismo es el más grande instrumento para el cambio social, porque el evangelio cambia a las personas, y la persona cambiada puede cambiar la sociedad. Hemos visto que la sociedad necesita la sal y la luz pero solo el evangelio puede crearlas. Esta es una forma en la que podemos decir, sin sentir vergüenza alguna, que el evangelismo va antes que la acción social. Lógicamente hablando, «La responsabilidad social cristiana presupone cristianos responsables ante la sociedad», y es el evangelio el que produce esto en ellos. [22]

Cuando John v. Taylor, quien más tarde fue el Obispo en Winchester, era el secretario general de la Sociedad Misionera de Iglesias (CMS, por sus siglas en inglés), él describió en su boletín de CMS (mayo de 1972) su reacción al libro *Calcutta* por Geoffrey Moorhouse y, en verdad, a la aparente falta de esperanza para los problemas de esa ciudad. Él escribió: «La persona que supera la situación es lo que invariablemente cambia el balance entre la desesperación y la fe». Estas personas no están «atrapadas» en la ciudad, ni están «escapando» de la ciudad. «Estas personas han superado la situación [...] La salvación no es lo mismo que la solución: esta precede a la solución y la hace posible [...] La salvación personal —la salvación en la primera velocidad— sigue siendo la manera de comenzar. Es la llave para quitar el seguro de la puerta del fatalismo y para hacer posible la "salvación" de las organizaciones e instituciones —la salvación en la segunda velocidad— al proveer a los que pueden trascender la situación. Porque la salvación individual les ayuda a superar la situación».

La evangelización es la otra forma que facilita levantar la sociedad. Cuando el evangelio se predica fiel y ampliamente, no solo se renueva radicalmente entre los individuos sino que produce lo que Raymond Johnston llamó en una ocasión: «una atmósfera antiséptica», donde es difícil que florezcan la blasfemia, el egoísmo, la avaricia, la deshonestidad, la inmoralidad, la crueldad y la injusticia. Un país donde el evangelio haya penetrado no es un terreno en el cual estas semillas venenosas echarán raíces con facilidad, y mucho menos prosperarán.

El evangelio cambia las culturas

En segundo lugar, el evangelio que cambia a las personas también cambia las culturas. Uno de los obstáculos más grandes del cambio social es la cultura conservadora. Ha llevado siglos desarrollar las leyes de los países, instituciones y costumbres; estas han desarrollado una resistencia al cambio. En algunos casos el obstáculo es la ambigüedad moral de la cultura. Cada programa político, sistema económico y plan de desarrollo depende de los valores que los motiven y los sostengan. No pueden operar sin honestidad y cierto grado de altruismo. Por lo tanto, el progreso se bloquea con efectividad si la cultura nacional (y la religión o ideología que le da la forma) coopera secretamente con la corrupción y el egoísmo, y no ofrece incentivos para el auto control y el auto sacrificio. Entonces, la cultura es el obstáculo al desarrollo. Por consiguiente, es completamente lógica la conclusión de Brian Griffiths en su libro acerca de acercamientos cristianos a la vida económica.

> El cristianismo comienza con fe en Cristo y termina con el servicio al mundo […] debido a esto yo creo que el evangelismo juega una parte indispensable en el establecimiento de un orden económico más justo. La obediencia a Cristo exige cambios, el mundo se convierte en su mundo, el pobre, el débil y el que sufre son hombres, mujeres o niños creados a su imagen; la injusticia es una afrenta a su creación; la esperanza, la responsabilidad y el propósito reemplazan el desespero, la indiferencia y la vida sin propósito; y sobre todo el amor transforma el egoísmo.[23]

Así que el evangelio cambia tanto las personas como la cultura. No estamos diciendo que el desarrollo no pueda ocurrir sin el evangelio, sino que los cambios culturales que el evangelio genera facilitan en gran manera el desarrollo, mientras que la ausencia de esos cambios obstaculizan el desarrollo. Mientras más se extienda el evangelio, más esperanza tiene la situación. Son pocos los cristianos en la vida pública que pueden iniciar un cambio social, pero su influencia puede ser más grande si tienen un apoyo masivo, como lo tuvieron los reformadores evangélicos ingleses en el siglo XIX. Por esta razón, los cristianos de cada país deben orar por la amplia aceptación del evangelio. Como vieron con claridad los norteamericanos evangélicos en el siglo XIX, el avivamiento y la reforma van juntos.

Testimonio y protesta

Hemos visto que el evangelio es el poder de Dios para la salvación, pero toda verdad es poderosa. La verdad es más poderosa que las mentiras torcidas del Diablo. Nunca debemos sentir miedo de la verdad. Tampoco necesitamos sentir miedo de la verdad como si estuviera en juego su supervivencia, porque Dios la cuida y nunca permitirá que se elimine por completo. Como dice Pablo: «Pues nada podemos hacer contra la verdad, sino a favor de la verdad» (2 Corintios 13:8). Y como lo dice Juan: «Esta luz resplandece en las tinieblas, y las tinieblas no han podido extinguirla» (Juan 1:5). Solzhenitsin es un pensador contemporáneo cristiano que está convencido de esto. El título de su discurso en el Premio Novel de Literatura (1970) fue «Una palabra de verdad». Él confesó que a los escritores les faltaban todas las armas tales como cohetes y tanques de guerra. Así que preguntó: «¿qué puede hacer la literatura frente al ataque implacable de la violencia abierta?» En primer lugar, puede rehusar «tomar parte de las mentiras». En segundo lugar, escritores y artistas pueden «vencer la mentira». Porque «una palabra de verdad pesa más que el mundo entero. Y sobre esta brecha fantástica de la ley de la conservación de la masa y la energía se basan mis actividades y mi apelación a los escritores del mundo».[24]

Todos los cristianos tienen el mismo llamado que su Maestro tiene: «testificar de la verdad». Juan añadió que esta fue la razón por la cual Jesús nació y vino al mundo (ver Juan 18:37). Por supuesto, la verdad suprema de la cual testificamos es el mismo Jesús porque él es la verdad (Juan 14:6). Pero toda verdad —científica, bíblica, teológica, moral— es suya y sin temor alguno debemos defenderla, mantenerla y argumentarla. Este es el lugar para desarrollar una apologética ética, como lo recomendé anteriormente, y para entrar en debates públicos de problemas contemporáneos. Desde el púlpito (que sigue siendo una «plataforma» donde se influye más de lo que se admite, en especial para moldear la opinión pública), a través de cartas, de artículos en periódicos nacionales y locales, en discusiones en la casa y en el trabajo, a través de oportunidades en la radio y la televisión, en poesía, drama, canciones populares, estamos llamados como cristianos a testificar la ley de Dios y el evangelio de Dios sin miedo ni excusas. Además, como Jesús y como sus seguidores, el verdadero testigo (*mártir*) necesita estar preparado para sufrir, y si es necesario hasta morir, por su testimonio. Un testimonio tan costoso es el arma principal de los que no tienen derecho al proceso democrático porque viven bajo un régimen opresivo.

Al lado de un testimonio positivo de la verdad hay una contraparte negativa, la protesta contra la locura, el engaño y la maldad. Muchos parecen estar desanimados con el arma de la protesta racional, pero creo que no deberían estarlo. La agitación pública puede ser un arma efectiva aunque al final parezca que no tiene éxito. Déjame darte dos ejemplos, el primero es donde una protesta masiva tuvo éxito, y el segundo es donde de inmediato no se lograron las metas pero, no obstante, fue una poderosa expresión de protesta pública.

En primer lugar, «La Revolución Anaranjada» de Ucrania en los años 2004-5 fueron una serie de protestas y hechos políticos que ocurrieron en todo el país como reacción a la corrupción masiva, acorralamiento a los que votaban y fraude electoral durante la elección del presidente de Ucrania el 21 de noviembre de 2004, en donde los candidatos principales fueron el primer ministro Victor Yanukovych y su oponente era el líder Victor Yushchenko. Cientos de miles de protestantes se reunieron en La Plaza de la Independencia, la mayoría llevando ropa anaranjada, el color de la oposición, para exigir nuevas elecciones. Las protestas se organizaron en todo el país de Ucrania, además de huelgas generales y otras protestas. La Corte Suprema realizó nuevas elecciones que estuvieron bajo un escrutinio internacional intenso, y se eligió a Victor Yushchenko como presidente. Con su inauguración, el 23 de enero de 2005 en Kiev, la Revolución Anaranjada alcanzó una conclusión exitosa y pacífica. Sin embargo, citar esto como un ejemplo de protesta exitosa no significa que el gobierno elegido estuviera libre de problemas de corrupción y malos gobernantes. En una elección posterior sacaron a este gobernador problemático y el poder regresó a los simpatizantes del comunismo.

Mi segundo ejemplo es la protesta masiva contra la segunda guerra de Irak. El 15 de febrero de 2003 hubo una protesta masiva en Inglaterra contra su participación en la segunda guerra contra Irak. La demostración fue la más grande que haya habido en Inglaterra, la policía calculó que fueron aproximadamente 750.000 personas y los organizadores calcularon más de 2.000.000 de personas. La protesta fue pacífica y consistió en una marcha seguida de una reunión con oradores bien conocidos que le pidieron al gobierno que rechazara la guerra y su deseo de continuar las negociaciones. Los cristianos se unieron a otros grupos pidiendo la paz y no la guerra (aunque, desde luego, otros cristianos apoyaron la decisión de ir a la guerra). Una de las metas de la protesta fue asegurar que si el gobierno iba a la guerra no podía decir que tenía un apoyo unánime. Al final, Inglaterra fue a la guerra contra Irak y por tanto, esta protesta masiva fue un fracaso en términos de lograr los objetivos específicos. Pero llamarle la atención al gobierno por este tipo de comportamiento demostró que mucha gente estaba dispuesta a protestar públicamente si consideraban estar metidos en algo moralmente incorrecto y estratégicamente desastroso.

Demostración y organización

La verdad es poderosa cuando se argumenta; pero es todavía más poderosa si también se demuestra. La gente no solo necesita entender el argumento, sino también ver el beneficio. Una enfermera cristiana en un hospital, un profesor en la escuela, una secretaria en la oficina, un asistente en el negocio o un trabajador en la fábrica pueden tener una gran influencia fuera de proporción en cuanto a cantidades y porcentajes. Y, ¿quién puede calcular la influencia para el beneficio de todo un vecindario de una familia cristiana, en donde el esposo y la esposa son fieles, se sienten bien el uno con el otro, sus hijos crecen en la disciplina de amor y la familia no está enfocada en ellos mismos sino en la comunidad? Los cristianos somos personas marcadas en el trabajo y en la casa; y el mundo nos está mirando.

La iglesia local tiene todavía más influencia que el ejemplo de individuos y familias cristianas. El propósito de la iglesia para Dios es ser su nueva y redimida comunidad, que posee los ideales de su reino. El Dr. John Howard Yoder escribió que no debemos menospreciar «el poderoso [...] impacto que produce sobre la sociedad la creación de un grupo social alternativo». Porque «la estructura social primaria, donde trabaja el evangelio, obra para cambiar otras estructuras en la comunidad cristiana».[25]

Los pequeños grupos de cristianos pueden ser encarnaciones visibles del evangelio. Ellos pueden usar todos los medios de influencia social que ya mencioné. Hay poder en la oración y en el evangelio; hay más poder aún si oramos y evangelizamos juntos. Hay poder en testimonios y en protestas; hay más poder aún si nos unimos para testificar y tomar acción. El Señor escogió grupos. Él comenzó con los doce. Y a lo largo de la historia de la iglesia abundan ejemplos de la influencia estratégica de grupos pequeños. En el siglo XVI los primeros reformadores en Cambridge se reunieron en la taberna «El caballo blanco» para estudiar el Nuevo Testamento en griego de Erasmo; en el siglo XVIII el Club Santo en Oxford, del cual fueron miembros los hermanos Wesley y Whitefield, aunque al principio tan solo participó en las obras sociales, después fue el inicio del avivamiento evangélico; y en el siglo XIX el grupo Clapham, en Londres, apoyó a Wilberforce en su campaña contra la esclavitud y muchas otras causas sociales y religiosas. En la actualidad una de las características más interesantes de la vida de la iglesia moderna es el hambre por la experiencia en grupos pequeños. Miles de congregaciones dividen a los miembros de sus iglesias en pequeños grupos de comunión o grupos en las casas. Muchas iglesias animan la formación de pequeños grupos especializados: grupos de evangelización y visitación, grupos de oración por los misioneros, grupos de música, grupos de problemas contemporáneos, grupos de lectura, grupos de estudio y acción social, y la lista casi no tiene fin.

Además, hay comunidades que están experimentando nuevas formas de vivir, compartir y/o trabajar unidos. Por ejemplo, en la comunidad Kairós, en Buenos Aires (para la reflexión teológica sobre el discipulado en el mundo secular), la Comunidad de Peregrinos [Sojourners], en Washington, DC (involucrada en producir la revista del peregrino, promocionar la paz y la justicia y en servir a las familias afro americanas) y TRACI, en Nueva Delhi (el Instituto para Investigación y Comunicación de pensadores y escritores jóvenes de la India). En Inglaterra hay grupos como CARE Trust y campañas CARE (Acción, Investigación y Educación Cristiana, por sus siglas en inglés) que promocionan criterios morales en la sociedad. También debo mencionar el Instituto para el Cristianismo Contemporáneo en Londres cuyas metas son estimular la integración del pensamiento y la acción cristiana coherentes en el mundo.[26]

El Arzobispo Dom Hélder Camara, un líder católico romano muy respetado, que creía fuertemente en el poder de grupos pequeños y que vivió al noreste de Brazil, murió en 1999. Lo acusaron de ser subversivo, se le prohibió tener acceso a los medios de comunicación, estuvo bajo constantes amenazas de muerte, este «violento hacedor de paz» (como lo llamaban) estaba comprometido con la justicia y la paz. Durante varios años viajó por la mitad del mundo apelando a instituciones que debían confiar más en los grupos. Promovió la formación de «minorías abrahámicas» (así llamadas «porque como Abraham estamos esperando contra toda esperanza»)[27] en vecindarios, universidades y sindicatos, dentro de los medios masivos de comunicación, en la gerencia de empresas, entre los políticos y en las fuerzas armadas. Tenían en común el mismo deseo por la justicia y la libertad, así que reúnen información; tratan de diagnosticar los problemas relacionado con viviendas, desempleos, trabajos mal remunerados y estructuras sociales; comparten las experiencias y llevan a cabo cualquier forma de «violencia pacífica» que les parezca apropiada. Dom Hélder creía que los grupos minoritarios tenían «el poder para el amor y la justicia que era como una energía nuclear que durante millones de años permaneció encerrada en pequeños átomos esperando ser liberados».[28] «Todas estas unidades minoritarias pueden ser una fuerza irresistible», añadió él.[29] Algunos lo ridiculizaron, pero él perseveró. Luego escribió: «Estoy bien consciente de que mi plan parece un combate contra Goliat. Pero la mano de Dios estuvo con ese joven pastor y David conquistó aquel filisteo con su fe, una honda y cinco piedras pequeñas».[30] En otro lugar él dijo: «recuerden que a través de los siglos las minorías atrevidas han encaminado la humanidad».[31]

Este contraste entre el gigante y el niño, la espada y las pequeñas piedras, la jactancia del arrogante y la humildad del que confía, es característico de la actividad de Dios en el mundo. Tom Sine lo captó bien en su libro *The Mustard Seed Conspiracy*, el título alude a la diminuta semilla de donde crece el gran arbusto. El subtítulo es «puedes hacer la diferencia en los problemas del mundo del mañana». Él escribió:

Jesús nos dejó un asombroso secreto. Dios decidió cambiar el mundo a través del más bajo, del humilde y del imperceptible [...] Esa siempre ha sido la estrategia de Dios, cambiar el mundo a través de la conspiración del insignificante. Él escogió a un grupo de esclavos semíticos para instaurar su nuevo orden [...] ¿Y quién se iba a imaginar que Dios iba escoger obrar a través de un bebé en un pesebre para enderezar el mundo? «Dios escoge las cosas más necias [...] más débiles [...] más bajas [...] que no parecen lógicas» [...] El plan sorprendente de Dios sigue siendo trabajar mediante lo penosamente insignificante para cambiar su mundo y crear su futuro [...] [32]

Si es verdad que con frecuencia Dios trabaja a través del insignificante y del pequeño para cumplir su propósito, entonces no hay excusas para que el cristiano se sienta alienado. Por el contrario, debemos deleitarnos en el hecho de que nadie es demasiado insignificante para que Dios lo use para cambiar el mundo.

Notas

1. Brierley, Peter (ed.), *UK Christian Handbook Religious Trends 5 – 2005/06* [Manual cristiano del Reino Unido tendencias religiosas 5 – 2005/06], Christian Research, Londres, 2005, p. 2.23.
2. Ibid., p. 12.5.
3. Gutteridge, Richard, *Open Thy Mouth for the Dumb!, The German Evangelical Church and the Jews 1870-1950* [¡Abre tu boca por el mudo! La iglesia evangélica de Alemania y los judíos, 1870-1950], Basil Blackwell, Oxford, 1976.
4. Ibid., p. 128.
5. Ibid., p. 298.
6. Ibid., p. 299.
7. Abraham Lincoln concluyó su famoso discurso de Gettysburg (1863) con la siguiente afirmación: «esta nación, bajo Dios, tendrá un nuevo nacimiento de libertad, y el gobierno del pueblo, por el pueblo, y para el pueblo, no perecerá

de la tierra». Parece haber usado la definición de la democracia que formuló el reverendo Theodore Parker, quien la usó en un discurso en Boston en 1850.

8. Lucas, John R., *Democracy and Participation*, p. 166.

9. Ibid., p. 184.

10. Ibid., p. 198.

11. Ibid., p. 264.

12. Latourette, K.S., *History of the Expansion of Christianity* [La historia de la expansión del cristianismo], vol. 7, Eyre & Spottiswoode, Londres, 1945, pp. 503-4.

13. Colson, Charles, *Kingdoms in Conflict: An Insider's Challenging View of Politics, Power and the Pulpit* [Reinos en conflicto: La perspectiva desafiante de un participante sobre la política, el poder y el púlpito], William Morrow, New York, Zondervan, Grand Rapids, 1987, pp. 238, 253-64, 371. Fran Beckett, en su libro, Called to Action [Llamado a la acción], Fount, Londres, 1989, destaca la responsabilidad que tiene cada iglesia de conocer su comunidad local y levantar equipos que sirvan a las necesidades que ha descubierto.

14. Berdyaev, Nikolai, *The Destiny of Man* [El destino del hombre], Geoffrey Bles, Londres, 1937, p. 281.

15. Mateo 5-7. Yo trato de desarrollar esta exposición en *The Message of the Sermon on the Mount, Christian counter-culture* [El mensaje del Sermón del Monte, la contracultura cristiana], InterVarsity Press, Leicester, 1978.

16. Temple, *Christianity and the Social Order*, p. 27.

17. Investigación por el Internet Barna, www.barna.org, «La fe norteamericana es diversa, como demuestran cinco segmentos caracterizados por su fe», 29 de enero de 2002. Para una exposición acerca de por qué Europa podrá ser una excepción a esto, ver Davie, Grace, *Europe: The Exceptional Case, Parameters of faith in the modern world* [Europa: El caso excepcional, parámetros de la fe en el mundo moderno], Darton, Longman & Todd, Londres, 2002.

18. Ibid., www.barna.org/FlexPage.aspx?Page=Topic&TopicID=10.

19. Sine, *The Mustard Seed Conspiracy*, p. 113.

20. www.lydiafellowship.org; Intercessors for Britain, 14 Orchard Road, Moreton, Wirral, Merseyside L46 8TS, www.ifapray.org; www.ad2000.org.

21. «Evangelism and Social Responsibility», en Stott (ed.), *Making Christ Known*, p. 182.

22. Ibid., p. 183.

23. Griffiths, Brian, *Morality in the Marketplace* [La moralidad en el mercado], Hodder & Stoughton, Londres, 1989, pp. 154-55.

24. Solzhenitsin, Alexander, *One Word of Truth* [Una palabra de verdad], Bodley Head, Londres, 1972, pp. 22-27.

25. Yoder, John Howard, *The Politics of Jesus* [La política de Jesús], Eerdmans, Grand Rapids, 1972, pp. 111, 157.

26. Kairos Community, www.kairos.org.ar/english.php; Sojourners, www.sojo.net/; TRACI: TRACI House, E-537, Greater Kailash II, New Delhi 110048, India; CARE, www.care.org.uk; London Institute of Contemporary Christianity, www.licc.org.uk.

27. Camara, Dom Hélder, *Spiral of Violence* [La espiral de la violencia], 1970, Sheed & Ward, Londres, 1971, p. 69.

28. Camara, Dom Hélder, *The Desert Is Fertile* [El desierto es fértil], Sheed & Ward, Londres, 1974, p. 3.

29. Camara, *Spiral of Violence*, p. 43.

30. Camara, Dom Hélder, *Race Against Time* [La carrera contra el reloj], Sheed & Ward, Londres, 1971, pp. vii-viii.

31. Ibid., p. 17.

32. Sine, *The Mustard Seed Conspiracy*, pp. 11-12.

Conclusión

Un llamado para el liderazgo cristiano

En *Oportunidades y retos contextuales*, el primer libro de la serie *Grandes oportunidades y retos que el cristianismo enfrenta hoy*, John Stott analiza los problemas masivos de nuestro mundo contemporáneo y los retos y oportunidades que esto ofrece al liderazgo cristiano. En el ámbito mundial todavía existen armas de destrucción masiva, con bastante frecuencia se violan los derechos humanos, hay crisis en el medio ambiente y en la energía, cambios en el clima, desigualdad económica entre los del norte y los del sur. En la sociedad hay brotes de violencia racial, está aumentando el abuso de las drogas y el alcohol y continúa el trauma de la pobreza. En el aspecto moral los cristianos están incómodos por las fuerzas que están creando inestabilidad en el matrimonio y la familia, el desafío de las normas en el comportamiento sexual y el escándalo de lo que prácticamente se ha convertido en el libre aborto. Se puede añadir que en el aspecto espiritual, se ha extendido el materialismo y la pérdida del sentido de la realidad trascendente. Muchas personas nos están advirtiendo que el mundo se dirige a un desastre y son pocos los que sugieren cómo evitarlo. Abunda el conocimiento tecnológico, pero la sabiduría es un recurso escaso. La gente se siente confundida, aturdida y alienada. Para usar la metáfora de Jesús, somos como «ovejas sin pastor», mientras que nuestros líderes a menudo parecen «ciegos guiando a ciegos».

Hay varias clases y grados de liderazgo. El liderazgo no se limita a una minoría de estadistas o mandamases en el ámbito nacional. Este toma diferentes formas en cada sociedad. Los clérigos son los líderes en la iglesia local y en la comunidad. Los padres son los líderes en su hogar y su familia. Lo mismo que los maestros en las escuelas y los profesores en las universidades. Los gerentes en los negocios y en las industrias; los jueces, médicos, políticos, trabajadores sociales y jefes de sindicatos, tienen responsabilidades de liderazgo en su esfera respectiva. También la tienen los formadores de la opinión pública que trabajan en los medios de comunicación: autores y dramaturgos, periodistas, los que trabajan en el cine y en la televisión, los artistas y los productores. Los líderes estudiantiles, en especial desde la década de 1960, han ejercido una influencia que supera sus años y experiencia. En todas estas áreas hay una gran necesidad de líderes con una visión más clara, que sean más valientes y dedicados.

Tales líderes nacen y se hacen. Como escribió Bennie E. Goodwin, un educador afroamericano: «Aunque los líderes en potencia nacen, los líderes eficientes se hacen».[1] Shakespeare, en uno de sus guiones famosos, dijo: «¡No tenga miedo de la grandeza! Unos nacen con la grandeza, otros la alcanzan y a otros se las imponen».[2] Los libros acerca de la administración se refieren a los *líderes natos* (BNL, por sus siglas en inglés), hombres y mujeres dotados con una inteligencia, un carácter y una personalidad fuertes. Y nos gustaría añadir, junto con Oswald Sanders, que los líderes cristianos son «una mezcla de cualidades naturales y espirituales»,[3] o de talentos naturales y dones espirituales. Sin embargo, los dones de Dios se necesitan cultivar, y los líderes en potencia se necesitan desarrollar.

Entonces, ¿cuáles son los rasgos del liderazgo en general y de los líderes cristianos en particular? ¿Cómo podemos dejar la costumbre de quedarnos sentados esperando que otro tome la iniciativa, y en su lugar tomarla nosotros mismos? ¿Qué hay que hacer para abrir un camino que otros seguirán?

Aunque se han hecho muchos análisis de liderazgo, quiero sugerir que este tiene cinco ingredientes esenciales.

Visión

«Donde no hay visión, la gente perece» este es un proverbio de la Biblia que ya no se usa. Aunque casi seguro es una traducción incorrecta del hebreo, no obstante, es una afirmación verdadera.[4] Realmente es una característica de la era post-Pentecostés «tendrán visiones los jóvenes» y «sueños los ancianos» (Hechos 2:17). Monseñor Ronald Knox de Oxford concluye su crítico y un tanto nostálgico libro *Enthusiasm* [Entusiasmo], con estas palabras: «Los hombres no pueden vivir sin visión; hacemos bien en llevar con nosotros esta moraleja al contemplar el registro de los visionarios. Si nos contentamos con lo ordinario, lo de segundo lugar, lo acostumbrado, no se nos perdonará».[5]

Sin embargo, «sueños» y «visiones», soñadores y visionarios, suena poco práctico y lejos de las duras realidades de la vida sobre la tierra. Así que tienden a usarse palabras más prosaicas. Los expertos en administración nos dicen que debemos tener metas a largo y a corto plazo. Los políticos publican sus planes antes de las elecciones. Los militares proponen una estrategia para la campaña. No importa cómo lo llames: una «meta», un «plan» o una «estrategia», estás hablando de una visión.

¿Qué es una visión? Es el acto de ver, por supuesto, una percepción imaginaria de las cosas, que combina la perspicacia y la previsión. Pero en una forma más particular, en el sentido que estoy usando la palabra, se compone de una profunda insatisfacción de lo que es y una clara comprensión de lo que podría ser. Comienza con una indignación ante el status quo que se convierte en la búsqueda de una alternativa. Ambos están muy claros en el ministerio público de Jesús. Él estaba indignado por la enfermedad, la muerte y el hambre de la gente, él percibía estas cosas como algo ajeno al propósito de Dios. Por eso sintió compasión de las personas afectadas. La indignación y la compasión forman una poderosa combinación. Son indispensables para una visión y, por lo tanto, para el liderazgo (ver por ejemplo, Juan 11:32-37).

Como recordará, en 1968 ocurrió el asesinato de Robert Kennedy a la edad de cuarenta y dos años. Diez años más tarde, como reconocimiento a él, David S. Broder escribió: «su capacidad era la cualidad que lo distinguía por lo que solo se puede llamar ultraje moral. "Eso no se puede aceptar", dijo acerca de muchas condiciones que la mayoría de nosotros aceptamos como inevitables: pobreza, analfabetismo, desnutrición, prejuicio, iniquidad, deshonestidad, todas esas maldades aceptadas eran una afrenta personal para él».[6] Apatía es aceptar lo inaceptable; el liderazgo comienza con un rechazo decisivo de dicha aceptación. Como escribió George F. Will en diciembre de 1981, después de la declaración de la ley marcial en Polonia: «Lo indignante es la falta de indignación». En el presente hay una gran necesidad de indignación, ira y afrenta justa por causa de toda la maldad que ofende a Dios. ¿Cómo podemos tolerar lo que él considera intolerable?

Pero la ira es estéril si no provoca en nosotros una acción positiva para corregir lo que nos causa ira. «Es necesario oponerse a aquellas cosas que uno considera incorrectas», escribe Robert

Greenleaf, «pero no se puede dirigir desde una posición en la que predomine lo negativo».[7] En 1981, antes de que Robert McNamara se retirara como presidente del Banco Mundial, después de trece años, dirigió su reunión anual por última vez y en su discurso citó a George Bernard Shaw: «Tú ves las cosas como son y te preguntas "¿por qué?" Pero yo sueño con cosas que nunca fueron y me pregunto "¿por qué no?"»

La historia está llena de ejemplos, tanto bíblicos como seculares. Moisés quedó consternado ante la cruel opresión de sus compatriotas israelitas en Egipto, recordó el pacto de Dios con Abraham, Isaac y Jacob, y a través de su larga vida lo sostuvo la visión de la «Tierra Prometida». Nehemías escuchó durante su exilio persa que las murallas de la Ciudad Santa estaban en ruinas y sus habitantes muy afligidos. La noticia lo abrumó hasta que Dios puso en su corazón lo que él podía y debía hacer. «¡Vamos, anímense! ¡Reconstruyamos la muralla de Jerusalén!», dijo él. Y la gente contestó: «¡Manos a la obra!» (Nehemías 2:12, 17-18).

Al pasar al Nuevo Testamento, los primeros cristianos estuvieron bien conscientes del poderío de Roma y la hostilidad de los judíos. Pero Jesús les dijo que fueran sus testigos «hasta el fin del mundo» y la visión que les dio a ellos los transformó. A Saulo de Tarso se le inculcó la idea de que la separación entre los judíos y los gentiles era inevitable y sin solución. Pero Jesús le ordenó llevar el evangelio a los gentiles del mundo y él «no desobedeció la visión divina». De hecho, la visión de una humanidad sola, nueva y reconciliada capturó tanto su corazón y su mente que trabajó, sufrió y murió por esta causa (ver por ejemplo, Hechos 26:16-20; Efesios 2:11–3:13 para la visión de Pablo).

En nuestra generación, los presidentes de los Estados Unidos han tenido nobles visiones acerca de un «Nuevo Arreglo» y de una «Gran Sociedad», y el hecho de que todas sus expectativas no se hayan hecho realidad no es para criticar su visión. Martin Luther King se encolerizó por la segregación injusta, tenía un sueño de dignidad para todos, en unos Estados Unidos libres y multiétnicos; vivió y murió para que su sueño se hiciera realidad.

No hay duda de que el éxito inicial del comunismo (durante los cincuenta años desde la revolución de 1917 en Rusia, y ya habían ganado un tercio del mundo) se debió a que fueron capaces de inspirar en sus seguidores la visión de una sociedad mejor. Esta, por lo menos, es la opinión de Douglas Hyde, quien en marzo de 1948 renunció al Partido Comunista Británico (después de ser miembro durante veinte años) y a ser el redactor de noticias del periódico *Daily Worker* [Diario del obrero] y se convirtió en Católico Romano. El subtítulo que le dio a su libro *Dedication and Leadership* [Dedicación y liderazgo] fue «Aprender de los comunistas» y lo escribió para contestar la pregunta: «¿Por qué son los comunistas tan dedicados y tienen tanto éxito como líderes, mientras que a menudo otros no lo son?» Aquí está lo que él contestó: «Si me preguntaras qué distingue al comunista, qué es lo que los comunistas tienen más en común [...] yo diría que sin ninguna duda es su idealismo».[8] Ellos sueñan, continúa él, con una nueva sociedad en la cual (citando a Liu Shao-chi) «no habrá opresión y explotación de la gente, no habrá oscuridad, ignorancia, atraso» y «no habrán cosas irracionales como la desilusión mutua, el antagonismo mutuo, la matanza mutua y la guerra».[9] Marx escribió en su libro *Tesis sobre Feuerbach* (1888): «Los filósofos solo han interpretado al mundo de varias maneras, sin embargo, lo que hay que hacer es cambiarlo». Este lema de «cambiar al mundo», comenta Douglas Hyde, «se ha convertido en uno de los más dinámicos en los últimos 120 años [...] Marx concluyó su Manifiesto Comunista con las palabras: "Tienes un mundo para ganar"».[10] Esta visión despertó la imaginación y el celo de los jóvenes idealistas comunistas. Por esto, Hyde escribió aproximadamente en la primera mitad del siglo xx: «al reclutado se le hace sentir que hay una gran batalla en todo el mundo», y «esto incluye su propio país, su propio pueblo, su propio vecindario, la cuadra en la que vive, la fábrica o la oficina en la que trabaja».[11] «Una de las razones por las cuales el comunista está preparado para hacer sacrificios excepcionales», afirma Douglas Hyde, «es que él cree que está tomando parte en una cruzada».[12]

Pero Jesús es un mejor líder y más grandioso de lo que pudo haber sido Carlos Marx, y las buenas noticias cristianas son un mensaje más radical y liberador que el Manifiesto Comunista. El mundo se puede ganar para Cristo por medio del evangelismo y se puede hacer más grato para él mediante la acción social. Entonces, ¿por qué no nos anima esta posibilidad? ¿Dónde está la gente cristiana que ve el status quo, que no les gusta lo que ven (porque hay cosas en este que son inaceptables para Dios), y que, por lo tanto, rehúsan a seguir con eso, que sueñan con una alternativa social que sería más aceptable para Dios y que deciden hacer algo al respecto? «Nada sucede sin un sueño. Para que suceda algo grande debe haber un sueño. Detrás de cada gran logro hay un soñador de grandes sueños».[13]

Vemos con los ojos de nuestra mente a los dos mil millones de personas que posiblemente nunca han escuchado de Jesús, y a los otros dos mil millones que lo han escuchado pero no han tenido una oportunidad válida para responder al evangelio;[14] vemos a la gente pobre, hambrienta, los que están en desventaja; gente aplastada por la opresión política, económica o étnica; millones de niños abortados e incinerados; las serias amenazas del cambio del clima. Vemos estas cosas; ¿no nos importan? Vemos lo que es; ¿no podemos ver lo que podría ser? Las cosas pueden ser diferentes. Se debe alcanzar con las buenas nuevas de Jesús a los que no han sido evangelizados; se puede alimentar a los que tienen hambre, se puede liberar a los oprimidos, los alienados pueden regresar a casa. Necesitamos una visión del propósito y el poder de Dios.

David Bleakley ha escrito acerca de tales visionarios: «la gente con un "presentimiento" como alternativa, aquellos que creen que se puede construir un mundo mejor». Él los llama «exploradores» que «aman nuestro planeta, se sienten responsables por la creación de Dios y desean darle un verdadero sentido a la vida de toda la gente». De hecho, él confía, como yo, en que tales «exploradores representan una gran oleada de cambio en nuestra sociedad y en las sociedades en otras partes».[15]

Laboriosidad

El mundo siempre menosprecia a los soñadores. «¡Ahí viene ese soñador!» Los hermanos mayores de José se decían el uno al otro: «Vamos a matarlo […] ¡Y a ver en qué terminan sus sueños!» (Génesis 37:19ss). Los sueños de la noche tienden a evaporarse en la fría luz de la mañana.

Así que los soñadores tienen que convertirse en pensadores, planeadores y trabajadores, y eso demanda laboriosidad y un arduo trabajo. La gente de visión necesita convertirse en gente de acción. Fue Tomas Carlyle, el escritor escocés del siglo xix, quien dijo de Federico el Grande que ser un genio implica en primer lugar «la capacidad trascendente de esforzarse»; y fue Tomas Alva Edison, el inventor de los efectos eléctricos, quien definió genio como «1% de inspiración y 99% de sudor». Todos los grandes líderes, incluso los grandes artistas, saben que esto es verdad. Detrás de su desempeño, realizado sin esfuerzo aparente, yace la más rigurosa y minuciosa autodisciplina. Un buen ejemplo es Paderewski, el pianista de fama mundial, que diariamente pasaba horas practicando. No era extraño para él repetir cincuenta veces un compás o una frase para perfeccionarla. Un día la reina Victoria le dijo después de escucharlo tocar: «Sr. Paderewski, usted es un genio». «Pudiera ser, señora» contestó él, «pero antes de ser genio, yo fui esclavo».[16]

Esta incorporación de laboriosidad a la visión es una marca evidente de los grandes líderes de la historia. Para Moisés no fue suficiente soñar con la tierra que fluye leche y miel; tuvo que organizar a la muchedumbre israelita para que al menos pareciera una nación y luego guiarlos a través de los peligros y dificultades del desierto antes de que ellos pudieran tomar posesión de la Tierra Prometida. En forma similar, la visión de la reconstrucción de la Ciudad Santa inspiró a Nehemías, pero primero necesitaba conseguir los materiales para reconstruir la muralla y armas para defenderla. Winston Churchill se resistía a la tiranía nazi y soñaba con liberar a Europa, pero no se hizo ilusiones con respecto a lo que costaría hacerlo. El 13 de mayo de 1940, en su primer discurso como primer ministro de la Cámara de los Comunes, le advirtió a los miembros que él «no tenía nada para ofrecer sino sangre, trabajo penoso, lágrimas y sudor… y muchos meses de conflicto y sufrimiento».

Incluso más, necesitamos la misma combinación de visión y laboriosidad en nuestras vidas comunes y corrientes. William Morris, quien llegó a ser Lord Nuffield, el benefactor público, comenzó su carrera arreglando bicicletas. ¿Cuál fue el secreto de su éxito? Fue la «imaginación creativa unida con una laboriosidad indómita».[17] Sueños y realidad, pasión y práctica deben ir juntos. Sin sueños la campaña pierde su dirección y su fuego; pero sin un trabajo arduo y sin proyectos prácticos, se esfuma el sueño.

Perseverancia

Tomas Sutcliffe Mort fue un colonizador a comienzos del siglo xix en Sydney, Australia, por quien el puerto Mort lleva su nombre. Él estaba resuelto a resolver el problema de la refrigeración, para que la carne se pudiera exportar de Australia a Gran Bretaña, y para hacerlo se fijó una meta de tres años. Pero le tomó veintiséis. Vivió lo suficiente para ver salir de Sydney el primer barco de carne refrigerada, pero murió antes de saber si había llegado a su destino en buenas condiciones. La casa que él construyó en Edgecliffe es ahora Bishopscourt, la residencia del arzobispo anglicano de Sydney. El lema «Perseverar es lograr el éxito» está pintado veinte veces en las cornisas del techo de la oficina, y el lema de la familia Mort, *Fidèlè à la Mort* (un juego de palabras con su nombre hugonote, es decir, los protestantes franceses que también eran fieles hasta la muerte) está grabado en piedra en la entrada principal.

Es cierto que la perseverancia es una cualidad indispensable del liderazgo. Una cosa es tener sueños y ver visiones, y otra es convertir los sueños en un plan de acción. La tercera es perseverar cuando llegue la oposición. De seguro surgirá la oposición. Tan pronto como empieza la campaña, se reúnen las fuerzas de oposición, los privilegios arraigados se afianzan todavía más, los intereses comerciales se sienten amenazados y dan la voz de alarma, los cínicos se burlan de la locura de los «que hacen buenas obras» y la apatía se convierte en hostilidad.

Pero en la oposición prospera la verdadera obra de Dios. Su plata se refina y el acero se endurece. Por supuesto, pronto capitularán los que no tienen una visión, los que se dejan llevar solo por el impulso de la campaña. Tal es así que los jóvenes que protestan en una década se convierten en los conformistas de la próxima. Los jóvenes rebeldes se hunden en una mediocridad de clase media, de mediana edad, moderada. Hasta los revolucionarios, cuando se termina la revolución, tienden a perder sus ideales. Pero no los líderes verdaderos. Ellos tienen la capacidad de tomar los contratiempos a su paso, la tenacidad de superar la fatiga y el desánimo, y la sabiduría (según una de las frases favoritas de John Mott) para «convertir las piedras de tropiezo en peldaños del camino».[18] Los verdaderos líderes añaden la gracia de la perseverancia a la visión y a la industria.

De nuevo Moisés es un ejemplo sobresaliente del Antiguo Testamento. En más o menos doce ocasiones diferentes la gente «murmuró» contra él y tuvo que enfrentar los inicios de un motín. Cuando el ejército del faraón los estaba amenazando, cuando el agua se acabó o era demasiado amarga para beber, cuando no había carne para comer, cuando los espías trajeron un informe negativo sobre la fortaleza de las fortificaciones cananeas, cuando las mentes estrechas tuvieron celos de su posición: estas son algunas de las ocasiones en las que la gente se quejó de su liderazgo y desafió su autoridad. Un hombre de menos valía hubiera renunciado y los hubiera abandonado a su propia mezquindad. Pero no Moisés. Él nunca olvidó que ellos eran el pueblo de Dios, por el pacto de Dios, quienes heredarían la tierra por la promesa de Dios.

El apóstol Pablo es el hombre en el Nuevo Testamento que llegó hasta el fin con sus ideales intactos y sin comprometer sus principios. Él también enfrentó una oposición amarga y violenta. Sufrió aflicción física ya que en varias ocasiones lo azotaron, apedrearon y encarcelaron. También sufrió mentalmente porque los falsos profetas, que contradecían su enseñanza y calumniaban su nombre, le pisaban los talones. También experimentó una enorme soledad. Al final de su vida él escribió que «todos los de la provincia de Asia me han abandonado» y «En mi primera defensa [...] todos me abandonaron» (2 Timoteo 1:15; 4:16). Sin embargo, nunca perdió la visión que Dios le dio de una sociedad nueva y redimida, y nunca renunció a la proclamación del evangelio. En su calabozo bajo tierra, de donde no había otra escapatoria que no fuera la muerte, escribió: «He peleado la buena batalla, he terminado la carrera, me he mantenido en la fe» (2 Timoteo 4:7). Pablo perseveró hasta el final.

En siglos recientes tal vez nadie ejemplificara más la perseverancia que William Willberforce. Sir Reginald Coupland escribió acerca de él que para romper la apatía del parlamento, un reformador social «debe, en primer lugar, tener las virtudes de un fanático sin sus vicios. Debe ser decidido, y a todas luces, sin egoísmo. Necesita ser suficientemente fuerte para soportar la oposición y el ridículo, lo suficientemente incondicional para tolerar los obstáculos y las demoras».[19] Wilberforce poseía estas características en abundancia.

En 1787 fue el primero en presentar una moción en la Cámara de los Comunes acerca del tráfico de esclavos. Hacía tres siglos que venía ocurriendo este nefasto comercio y los esclavistas antillanos estaban dispuestos a oponerse a la abolición hasta el fin. Además, Willberforce no era un hombre atractivo. Era bajito y un poco feo, con mala vista y nariz respingada. Cuando Boswell lo escuchó hablar, dijo que era «un perfecto renacuajo» pero luego tuvo que admitir que «el renacuajo se convirtió en una ballena».[20] En 1789, en la Cámara de los Comunes, Willberforce dijo del comercio de los esclavos: «Su maldad parecía tan grande, tan terrible, tan irremediable, que he decidido procurar la abolición por completo [...] Dejemos que las consecuencias ocurran, desde este momento yo determino que nunca descansaré hasta que haya conseguido esta abolición».[21] Entonces se debatieron proyectos de ley para la abolición (relacionados con el comercio) y proyectos relacionados con esclavos extranjeros (que prohibirían la participación de embarcaciones británicas en este comercio) en la Cámara de los Comunes en los años 1789, 1791, 1792, 1794, 1796 (para entonces la abolición se convirtió «en el gran objetivo de mi existencia en el parlamento»), 1798 y 1799. Todos fueron rechazados. En 1806 se aprobó el Proyecto de Ley de Esclavos Extranjeros y en 1807 el Proyecto de Ley para el Tráfico de Esclavos. Esta parte de la campaña tomó dieciocho años.

Después de concluir las guerras de Napoleón, Willberforce comenzó a dirigir sus energías a la abolición de la esclavitud y la emancipación de los esclavos. En 1823 se formó la Sociedad contra la Esclavitud. Dos veces en ese año y dos veces al año siguiente, Willberforce abogó por la causa de los esclavos en la Cámara de los Comunes. Pero en 1825 la mala salud lo obligó a renunciar a ser miembro del parlamento y a continuar su campaña desde afuera. En 1831 envió un mensaje a la Sociedad contra la Esclavitud en el que decía: «Necesitamos perseverar. Y en última instancia confiamos en que el Todopoderoso coronará nuestros esfuerzos con éxito».[22] Él lo hizo. En julio de 1833 ambas cámaras del Parlamento aprobaron la ley para la Abolición de la Esclavitud, aunque esta incluía que se pagaran £20.000.000 en compensación para los dueños de los esclavos. «Gracias a Dios», escribió Willberforce, «que viví para ver el día en el cual Inglaterra está dispuesta a dar £20.000.000 para la abolición de la esclavitud».[23] Murió tres días después. Lo enterraron en la Abadía de Westminster, como reconocimiento nacional a sus cuarenta y cinco años de perseverancia en la lucha a favor de los esclavos de África.

Pero claro, la perseverancia no es sinónimo de obstinación. Los líderes verdaderos no son inmunes a la crítica. Por el contrario, la escuchan y la analizan, y es posible que modifiquen su programa. Pero no cambian su convicción básica del llamado de Dios. No importa qué tipo de oposición se levante o el sacrificio que implique, ellos perseveran.

Servicio

En este momento es necesario añadir una nota de precaución. El «liderazgo» es un concepto que comparten la iglesia y el mundo. Sin embargo, no debemos presuponer que tanto los cristianos como los no cristianos lo entiendan de la misma forma. Ni debemos adoptar modelos de administración del mundo secular sin antes someterlos a un escrutinio cristiano crítico. Jesús introdujo en el mundo un nuevo estilo de liderazgo. Él expresó la diferencia entre lo viejo y lo nuevo en estos términos:

> Así que Jesús los llamó y les dijo: «Como ustedes saben, los que se consideran jefes de las naciones oprimen a los súbditos, y los altos oficiales abusan de su autoridad. Pero entre ustedes no debe ser así. Al contrario, el que quiera hacerse grande entre ustedes deberá ser su servidor, y el que quiera ser el primero deberá ser esclavo de todos. Porque ni aun el Hijo del hombre vino para que le sirvan, sino para servir y para dar su vida en rescate por muchos».
>
> Marcos 10:42-45

Por eso, entre los seguidores de Jesús, el liderazgo no es sinónimo de señorío. Nuestro llamado es a servir, no a mandar; a ser esclavos, no amos. Sí, es verdad que hasta cierto grado cada líder tiene autoridad, de otra manera el liderazgo sería imposible. Jesús les dio autoridad a los apóstoles y la ejercieron tanto en la enseñanza como en la disciplina de la iglesia.

Incluso los pastores de hoy, aunque no son apóstoles ni poseen la autoridad apostólica, se deben «respetar» por su posición «sobre» la congregación (ver 1 Tesalonicenses 5:12ss), y hasta se deben «obedecer» (Hebreos 13:17). No obstante, el énfasis de Jesús no radicaba en la autoridad de un líder-gobernante sino en la humildad de un líder-siervo. La autoridad por la cual dirige el líder cristiano no es el poder sino el amor, no la fuerza sino el ejemplo, no es coerción sino persuasión razonada. Los líderes tienen poder, pero el poder solo es seguro en las manos de los que se humillan para servir.

¿Cuál es el motivo del énfasis de Jesús en el servicio del líder? En parte, sin duda alguna, porque el principal riesgo del oficio del liderazgo es el orgullo. El modelo de los fariseos no concordaba con la nueva comunidad que Jesús estaba construyendo. A los fariseos les encantaban los títulos diferenciales como «Padre», «Maestro», «Rabí», pero esto era tanto una ofensa para Dios a quien le pertenecen estos títulos, como perjudicial para la hermandad cristiana (Mateo 23:1-12).

Sin embargo, la razón principal que tuvo Jesús para hacer énfasis en el rol de un siervo líder es que sin dudas el servicio a otros es un reconocimiento tácito del valor de las personas a quienes sirve. Últimamente me ha preocupado observar que el mundo está tomando prestado el modelo del «servicio» del liderazgo y lo está elogiando por razones incorrectas. Robert K. Greenleaf, por ejemplo, especialista en el campo de la investigación y la educación gerencial. En 1977 escribió un largo libro titulado *Servant Leadership* [Liderazgo del siervo], al que le colocó un subtítulo intrigante: «Un recorrido por la naturaleza del poder legítimo y la grandeza». Él cuenta que el concepto de «el siervo como líder» lo tomó del libro de Hermann Hesse *El viaje a Oriente*, en el cual Leo, el siervo insignificante de un grupo de viajeros, al final resultó ser su líder. El «principio moral» que el Sr. Greenleaf saca de esto es que «el gran líder se ve primero como siervo». O, expresándolo en una forma todavía más completa: «La única autoridad que merece la lealtad de uno es aquella que los seguidores otorgan al líder con libertad y conciencia como respuesta y en proporción a la evidente talla de siervo en el líder. Los que eligen seguir este principio [...] responderán libremente solo a aquellos que han sido escogidos como líderes porque ya son siervos probados y confiables».[24] No niego la verdad de esto, que los líderes tiene que mostrar primero su valía mediante el servicio. Pero el peligro del principio, como él describe, es que el servicio es solo el medio para lograr el fin (en otras palabras, calificarlo a uno como líder), y, por lo tanto, solo lo elogia por su utilidad pragmática. Sin embargo, esto no es lo que Jesús enseñó. Para él el servicio era un fin en sí mismo. T.W. Manson expresó está diferencia en una forma preciosa cuando escribió: «En el reino de Dios el servicio no es una manera de adquirir nobleza: es nobleza, la única clase de nobleza que se reconoce».[25]

Entonces, ¿por qué Jesús lo comparó con el más grande? ¿No debe relacionarse nuestra respuesta con el valor intrínseco del ser humano, que era la presunción tras su propio ministerio de amor desinteresado y que es el elemento esencial de la perspectiva cristiana? Si los seres humanos son hechos a la imagen de Dios, entonces se les debe servir y no explotar, respetar y no manipular. Como Oswald Sanders lo expresó: «La verdadera grandeza, el verdadero liderazgo, no se logra reduciendo a los hombres al servicio de uno sino entregándose uno al servicio desinteresado de ellos».[26] Aquí yace también el peligro de ver al liderazgo en términos de proyectos y programas. El liderazgo indefectiblemente implicará el desarrollo de estos, pero las personas tienen prioridad sobre los proyectos. Y no se deben «manipular», ni siquiera «manejar». Aunque esto último es menos degradante para los seres humanos que lo primero, ambas palabras se derivan de *manus*, que significa mano, y ambas expresan «el manejo» de las personas como si fueran artículos de consumo en vez de personas.

Así que, de hecho, los líderes cristianos sirven, no a sus propios intereses sino a los intereses de los demás (Filipenses 2:4). Este simple principio saca al líder del individualismo excesivo, del aislamiento extremo y del egoísmo que intenta crear un imperio propio, porque los que sirven a otros, sirven mejor en grupo. El liderazgo en equipo es más saludable que el liderazgo solitario, por varias razones. Primero, los miembros de un equipo se complementan unos a otros, se apoyan unos a otros con sus talentos y se compensan unos a otro en sus debilidades. Ningún líder tiene todos los dones, ningún líder debe tener todo el control del liderazgo en sus manos. Segundo, los miembros del equipo se animan unos a otros, identificando los dones de cada uno y motivándose unos a otros para desarrollarlos y usarlos. Como Max Warren decía: «El liderazgo cristiano no tiene nada que ver con la auto afirmación, pero sí tiene que ver con animar a la gente a que se afirmen a sí mismos».[27] Tercero, los miembros del equipo se rinden cuentas unos a otros. El trabajo compartido significa compartir las responsabilidades. Entonces, nos escuchamos el uno al otro y aprendemos el uno del otro. Tanto la familia humana como la familia divina (el cuerpo de Cristo) son contextos de solidaridad en los cuales cualquier ilusión incipiente de grandeza se disipa con rapidez. «Al necio le parece bien lo que emprende, pero el sabio atiende al consejo» (Proverbios 12:15).

En todo este énfasis cristiano sobre el servicio, el discípulo solo busca seguir y reflejar a su maestro. Aunque él fue Señor de todos, Jesús se hizo siervo de todos. Se colocó el delantal de servidumbre y se arrodilló para lavar los pies de los apóstoles.

Ahora él nos dice que hagamos cómo él hizo, que nos vistamos con humildad y que en amor nos sirvamos los unos a los otros (Juan 13:12-17; 1 Pedro 5:5; Gálatas 5:13). Ningún liderazgo es auténticamente como el de Cristo si no está marcado por el espíritu de servir con humildad y gozo.

Disciplina

Toda visión tiene la tendencia a desvanecerse. Todo visionario tiene la tendencia de desanimarse. El trabajo arduo que comenzó con entusiasmo puede fácilmente degenerar y convertirse en un trabajo penoso. El sufrimiento y la soledad se hacen notar. Él líder siente que no lo aprecian y se cansa. El ideal cristiano del servicio humilde suena bien en teoría pero parece poco práctico. Así que a veces los líderes se dicen: «Es más rápido no tener en cuenta a las demás personas; así uno logra las cosas. Y si el fin es bueno, ¿en verdad importan los medios que se empleen para lograrlo? Hasta un arreglo pequeño y prudente puede justificarse a veces, ¿no es verdad?»

Entonces, es evidente que los líderes están hechos de carne y hueso, no de yeso o mármol ni vidrios de colores. Realmente, como Peter Drucker escribió: «la gente fuerte también tiene fuertes debilidades».[28] Hasta los grandes líderes de la Biblia tienen debilidades fatales. Ellos también cayeron y fallaron y fueron débiles. El justo Noé se emborrachó. El fiel Abraham fue lo suficientemente vil como para arriesgar la castidad de su esposa por su propia seguridad. Moisés perdió los estribos. David quebrantó los cinco mandamientos de la segunda tabla de la ley al cometer adulterio, asesinato, robo, dar falso testimonio y codiciar, todo en ese solo episodio con Betsabé. El coraje solitario de Jeremías se dañó con la autocompasión. A Juan el Bautista, a quien Jesús describió como el más grande hombre que haya vivido jamás, lo abrumaron las dudas. Y la impetuosidad arrogante de Pedro era sin lugar a dudas un disfraz de su profunda inseguridad personal. Si estos héroes de las Escrituras fallaron, ¿qué esperanza hay para nosotros?

El rasgo final de los líderes cristianos es la disciplina, no solo la autodisciplina en general (en cuanto al dominio de sus pasiones, tiempo y energías), sino en particular la disciplina con la que esperan en Dios. Ellos conocen sus debilidades. Saben lo grande que es su tarea y lo fuerte que es la oposición. Pero también conocen las inagotables riquezas de la gracia de Dios.

Se pueden dar muchos ejemplos bíblicos. Moisés buscó a Dios, y «hablaba el SEÑOR con Moisés cara a cara, como quien habla con un amigo». David vio a Dios como su pastor, su luz y su salvación, su roca, la fortaleza de su vida, y en tiempos de mucha angustia «cobró ánimo y puso su confianza en el SEÑOR su Dios». El apóstol Pablo, cargado con una debilidad física o psicológica que él llamó «una espina me fue clavada en el cuerpo», escuchó a Jesús decirle: «Te basta con mi gracia», y aprendió que solo cuando era débil, era fuerte.

Sin embargo, nuestro supremo ejemplo es el mismo Señor Jesucristo. A menudo se dice que él estaba siempre a disposición de la gente. No es verdad. No lo estaba. Hubo ocasiones en que él despidió a las multitudes. Se negó a permitir que lo urgente desplazara lo importante. Con frecuencia se alejaba de la presión y del foco de su ministerio público para buscar a su Padre en la soledad y reponer sus fuerzas. Entonces, cuando llegó el fin, él y sus apóstoles enfrentaron juntos la prueba final. Con frecuencia me pregunto, ¿cómo es posible que ellos lo abandonaran y huyeran, mientras él fue a la cruz con tal serenidad? ¿No es la respuesta a lo que él oró mientras ellos dormían? (Para Moisés, ver Éxodo 33:11; Deuteronomio 34:10; para David, Salmo 23:1;

27:1; 1 Samuel 30:6; para Pablo, 2 Corintios 12:7-10; para Jesús, Marcos 4:36; 6:45; 14:32-42, 50).

Es solo Dios quien «fortalece al cansado y acrecienta las fuerzas del débil». Incluso «los jóvenes se cansan, se fatigan, y los muchachos tropiezan y caen». Pero los que «confían en el Señor» y esperan con paciencia en él «renovarán sus fuerzas; volarán como las águilas: correrán y no se fatigarán, caminarán y no se cansarán» (Isaías 40:29-31). Solo mantienen su visión brillante aquellos que se disciplinan a buscar el rostro de Dios. El fuego se reaviva constantemente y nunca se apaga solo en aquellos que viven frente a la cruz de Cristo. Esos líderes que piensan que son fuertes en sus propias fuerzas son las personas verdaderamente más débiles de todas; solo los que conocen y reconocen sus debilidades pueden volverse fuertes con la fuerza de Cristo.

He tratado de analizar el concepto del liderazgo cristiano. Me parece que tiene cinco ingredientes principales: visión clara, trabajo arduo, perseverancia obstinada, servicio humilde y disciplina férrea.

En conclusión, me parece que debemos arrepentirnos de dos pecados horribles en particular. El primero es el pesimismo, el cual deshonra a Dios y es incompatible con la fe cristiana. Por cierto, no olvidemos la caída, la depravación del ser humano. Estamos muy conscientes de la omnipresencia del mal. No somos tontos como para imaginar que la sociedad será perfecta antes de que Cristo venga y establezca su reino por completo.[29] No obstante, creemos en el poder de Dios y en el poder del evangelio para cambiar la sociedad. Debemos renunciar al optimismo ingenuo y al pesimismo cínico, y reemplazarlos con el realismo sobrio pero confiado de la Biblia.

El segundo pecado del que necesitamos arrepentirnos es la mediocridad y la aceptación de esta. Me veo queriendo decirle en especial a los jóvenes: «¡No te contentes con la mediocridad!

¡No te conformes con algo que esté por debajo del potencial que Dios te ha dado! ¡Ten ambiciones y sé aventurero con Dios! Dios te hizo un ser único mediante tus atributos genéticos, tu crianza y educación. Él te ha creado y te ha dado dones, y no quiere desperdiciar su trabajo. Él quiere que te realices, no que te frustres. Su propósito es que todo lo que tienes y todo lo que eres sea para su servicio y para el servicio de otros».

Esto quiere decir que Dios tiene un rol de liderazgo hasta cierto grado y de cierto tipo para cada uno de nosotros. Entonces, necesitamos buscar su voluntad con todo nuestro corazón, clamar a él para que nos dé una visión de aquello a lo que nos está llamando a hacer con nuestras vidas y orar por gracia para ser fieles (no necesariamente exitosos) en obediencia a la visión divina.

Esta es la única manera en que podemos esperar oír de Cristo las palabras que más anhelamos oír: «¡Hiciste bien, siervo bueno y fiel!»

NOTAS

1   Goodwin II, Bennie E., *The Effective Leader: A Basic Guide to Christian Leadership* [El líder efectivo: Una guía básica para el liderazgo cristiano] InterVarsity Press, Downers Grove, 1971, p. 8.

2   Shakespeare, William, *Twelfth Night* [La noche duodécima], Acto II, escena iv, guión 158.

3   Sanders, J. Oswald, *Liderazgo espiritual*, Portavoz, Grand Rapids, MI.

4   Proverbios 29:18. La traducción de la NVI es: «Donde no hay visión, el pueblo se extravía».

5   Knox, Ronald A., *Enthusiasm, A chapter in the history of religion* [Entusiasmo, un capítulo en la historia de la religión], Oxford Univ. Press, Oxford, 1950, p. 591.

6   Del periódico Washington Post publicado de nuevo en el *Guardian Weekly* [Guardián semanal], junio de 1978.

7   Greenleaf, Robert K, *Servant Leadership: A journey into the Nature of Legitimate Power and Greatness* [Liderazgo del siervo: Un viaje a la naturaleza

de poder legítimo y grandeza], Paulist Press, Nueva York, 1977, p. 236.

8 Hyde, Douglas, *Dedication and Leadership: Learning from the Communists* [Dedicación y liderazgo: Aprendido de los comunistas], Univ. of Notre Dame Press, Chicago, 1966, pp. 15-16.

9 Ibid., p. 121.

10 Ibid., pp. 30-31.

11 Ibid., p. 52.

12 Ibid., p. 59.

13 Greenleaf, *Servant Leadership* [Liderazgo del Siervo], p. 16.

14 Ver «The Manila Manifesto» [El manifiesto de Manila], 1989, párrafo 11, en Stott (ed.), *Making Christ Known* [Hacer que Cristo lo sepa], pp. 245-46.

15 Bleakley, David, *Work: The Shadow and the Substance, A reappraisal of life and labour* [El trabajo: La sombra y la sustancia, Una reevaluación de la vida y el trabajo], SCM, Londres, 1983, p. 85.

16 Citado por William Barclay en su *Spiritual Autobiography, or Testament of Faith* [Autobiografía espiritual, o testamento de fe], Mowbray, Oxford, and Eerdmans, Grand Rapids, 1975, p. 112.

17 De una revision de Canon R.W. Howard de la obra de James Leasor, *Wheels to Fortune, The life and times of Lord Nuffield* [Rueda para la fortuna, la vida y tiempo de Lord Nuffield], J. Lane, Londres, 1954.

18 Matthews, Basil, John R. Mott, *World Citizen* [Ciudadanos del mundo], SCM, Londres, 1934, p. 357.

19 Coupland, Reginald, *Wilberforce*, Collins, Londres, 1923, 2ª edición, 1945, p. 77.

20 Pollock, *John C. Wilberforce*, Lion, Oxford, 1977, p. 27. (Sr. Reginald Coupland relata la misma ocasión con diferentes palabras, Wilberforce, p. 9.)

21 Ibid., p. 56.

22 Ibid., p. 304.

23 Ibid., p. 308.

24 Greenleaf, *Servant Leadership*, pp. 7-10.

25 Manson, T.W., *The Church's Ministry* [El ministerio de la iglesia], Hodder & Stoughton, 1948, p. 27. Ver también John Stott, *Calling Christian Leaders* [Llamado a los líderes cristianos], InterVarsity Press, Leicester, 2002.

26 Sanders, *Spiritual Leadership* [Liderazgo espiritual], p. 13.

27 Warren, M.A.C., *Crowded Canvas* [Lienzo lleno], Hodder & Stoughton, Londres, 1974, p. 44.

28 Drucker, Peter F., *The Effective Executive* [El ejecutivo efectivo], Harper & Row, Nueva York, 1966, p. 72.

29 Ver «The Lausanne Covenant», párrafo 15 en Stott (ed.), *Making Christ Known*, pp. 49-53.

Guía de estudio

Compilado por Matthew Smith

Antes de comenzar

Estas preguntas se diseñaron en primer lugar para grupos de estudio, incluyendo grupos de iglesias y clases en la escuela, pero también son apropiadas para la reflexión individual. Para hacer un estudio eficiente es importante que cada persona del grupo lea el capítulo antes de la clase, y que el líder del grupo no solo asimile el material sino que además piense en los tópicos que merecen comentarse en el tiempo que se dispone y si una pregunta adicional sería de ayuda. La meta de cada presentación debe ser entender la enseñanza presentada y aplicar los principios bíblicos. Sugerimos que se comience y se termine en oración.

Capítulo 1: Nuestro mundo cambiante: ¿Es necesario que los cristianos se involucren?

1 Lee Mateo 4:23; 9:35; y Hechos 10:38. ¿Hasta qué punto estás de acuerdo que tanto el evangelismo como la acción social son parte de la vida cristiana? ¿Hay alguna ventaja en destacar el uno o el otro?

2 ¿Cuál es tu reacción cuando oyes a la gente decir que la iglesia debe evitar la política? Según la respuesta, ¿estás de acuerdo en que la iglesia se debe interesar solo en los principios políticos y no en la política?

3 ¿Es la democracia la única forma legítima de gobierno desde el punto de vista cristiano?

4 ¿Estás de acuerdo en que los cristianos deben involucrarse en la sociedad en vez de escapar? ¿En qué formas estás en peligro de aislarte del mundo que te rodea? ¿De qué forma la iglesia con la cual estás comprometido en el presente te limita para involucrarte más ampliamente con la sociedad?

5 Al recordar la esclavitud y preguntarnos cómo los cristianos la toleraron durante tanto tiempo, ¿cuáles de los asuntos actuales serán motivos de crítica para los cristianos de generaciones futuras porque nosotros los hemos obviado?

Capítulo 2: Nuestro mundo complejo: ¿Es diferente el pensamiento cristiano?

1 Cuando se discuten problemas éticos, ¿crees que puede haber «un punto de vista cristiano», o solo una variedad de puntos de vista cristianos?

2 ¿Piensas que Dios está interesado en lo secular como en lo sagrado? ¿Reflejan tú actitud hacia la vida diaria y las decisiones que tomas cada día la respuesta que acabas de dar?

3 Lee Amos 1:3–2:8. Examina las principales razones para el juicio de Dios en cada una de las naciones mencionadas. ¿Dios se interesa menos en la justicia ahora que antes?

4 Toma la historia de una noticia reciente y trata de entenderla, usando el marco de referencia bíblico de la creación, la caída, la redención y la consumación.

5 ¿Qué experiencia has tenido en el pasado con cristianos que afirman que el uso de la mente no es espiritual? ¿Cómo se comparan esos argumentos con 1 Corintios 14:20?

Capítulo 3: Nuestro mundo plural: ¿Influye el testimonio cristiano?

1 ¿Qué es pluralismo? ¿Cuáles son los peligros? ¿Tiene este algunas ventajas?

2 ¿Deben los cristianos tratar de imponer su punto de vista en las naciones no cristianas? Tratar de regular algunos principios morales, ¿puede ser contraproducente? ¿Qué criterios se deben usar para decidir cuándo un pecado contra Dios es un crimen contra el estado?

3 ¿Hasta qué punto el posmodernismo ha afectado la forma de pensar de tus amigos y de tus colegas? ¿Qué dificultades tú has encontrado al persuadirlos para que se alejen del punto de vista de la posición posmoderna de que no hay una verdad absoluta?

4 «Como cristianos estamos llamados a testificar de la ley de Dios y el evangelio de Dios sin miedo o excusas». ¿Qué temores, si hay alguno, te detienen para hablar de los valores de Dios que se deben tener en la sociedad y cómo puedes manejar estos temores?

5 ¿Con qué problema social estás en verdad comprometido? ¿Hay algún grupo en tu iglesia por medio del cual puedas desarrollar este compromiso? Si no lo hay, ¿estás dispuesto a considerar el empezar tal grupo?

Conclusión: Un llamado para el liderazgo cristiano

1 ¿Acerca de qué problemas en el mundo te sientes indignado?

2 ¿Qué problema te cautivó más, y cómo puedes estar más involucrado?

3 ¿Cuál es la visión de tu vida?

4 «Se puede ganar el mundo para Cristo por medio del evangelismo y agradar más a Cristo con la acción social». ¿Qué factores evitan que nos animemos y cómo podemos superarlos?

5 Lee Marcos 4:36; 6:45; 14:32-42, 50. ¿Cómo podemos aprender del ejemplo de Jesús para que lo urgente no desplace lo
   que es importante?

6 «¡No estén contentos con la mediocridad! ¡No se coloquen en
   una posición donde no se pueda usar todo el potencial que
   Dios les ha dado! ¡Tengan ambiciones y sean aventureros con
   Dios!» ¿Cómo podemos animarnos los unos a los otros para
   tomar el reto y perseverar?

*Nos agradaría recibir
noticias suyas.
Por favor, envíe sus comentarios
sobre este libro a la dirección
que aparece a continuación.
Muchas gracias.*

*vida@zondervan.com
www.editorialvida.com*